ProChrist

hänssler

Ulrich Parzany

UNGLAUBLICH.

Reden vom Zweifeln und Staunen.

Pfarrer Ulrich Parzany
1941 in Essen geboren, verheiratet mit Regine, 3 erwachsene Kinder. Theologiestudium, dann Vikariat in Jerusalem. Von 1967-84 Jugendpfarrer des Weigle-Hauses in Essen. Seit 1984 Generalsekretär des CVJM-Gesamtverbandes. Seit 1994 Leiter der evangelistischen Projektarbeit »ProChrist« und Verkündiger bei ProChrist 95, 2000 und 2003. Er wohnt in Kassel.

Hänssler -Taschenbuch
Bestell-Nr. 394.049
ISBN 3-7751-4049-2

Internet: www.haenssler.de
E-Mail: info@haenssler.de
Umschlaggestaltung: Buttgereit und Heidenreich
Titelbild: Martin Weinbrenner
Satz: AbSatz, Klein Nordende
Druck und Bindung: Ebner & Spiegel, Ulm
Printed in Germany

Inhaltsverzeichnis

Unglaublich!

Zweifeln und Staunen

Unglaublich schön oder unglaublich schrecklich? Wir gebrauchen das Wort »unglaublich« im positiven Sinn, wenn wir über ein besonders schönes Naturerlebnis oder eine sensationelle sportliche, artistische oder wissenschaftliche Leistung reden.

Mit dem Ausruf »Unglaublich!« reagieren wir auch auf einen bestialischen Mord, eine unfassbare Dummheit und eine Katastrophe mit verheerenden Folgen.

Dieser mit ein und demselben Wort beschriebene Gegensatz kennzeichnet unser Leben. Wir machen extrem schöne und schreckliche Erfahrungen oft ganz dicht nebeneinander. Wie verarbeiten und verkraften wir beides?

Die in diesem Buch wiedergegebenen acht Reden über Zweifeln und Staunen habe ich in den Veranstaltungen von ProChrist 2003 in der Essener Gruga-Halle gehalten. Sie wurden per Satellit live bzw. etwas zeitversetzt an über 1300 Orte in 17 Länder Europas übertragen (16. bis 23. März 2003).

Zweifel stellen sich ein, wenn Selbstverständliches nicht mehr selbstverständlich ist. Zweifel sind Ausdruck einer notwendigen Suchbewegung. Die radikalen – das heißt an die Wurzel gehenden – Fragen sind wichtig, damit wir uns nicht auf Fundamente verlassen, die auf die Dauer nicht tragen. Das Gewohnte ist nicht automatisch das verlässliche Fundament. Darum möchte ich Mut zum Zweifeln an den vermeintlichen Selbstverständlichkeiten machen.

Ich beobachte, dass viele Menschen Angst haben, solche Zweifel zuzulassen. Das ist verständlich. Warum sollte ich radikale Fragen stellen, wenn keine Aussicht auf Antwort besteht? Ich mache Mut zu solchen Zweifeln, weil ich überzeugt bin, dass der lebendige Gott dem ehrlich Suchenden Antwort gibt. Zweifel sind schädlich, wenn sie nur als skeptisches Vorurteil gepflegt werden, ohne dass wir wirklich nach einer Antwort suchen.

Die Gewissheit, dass Gott lebt, erschließt sich nicht dem Oberflächlichen und Leichtgläubigen. Jesus aber hat versprochen: »Bittet, so wird euch gegeben; suchet, so werdet ihr finden; klopfet an, so wird euch aufgetan. Denn wer da bittet, der empfängt; und wer da sucht, der findet; und wer anklopft, dem wird aufgetan.« (Matthäus 7,7-8) Es lohnt sich, gründlich zu fragen.

Die Gewissheit, dass Gott lebt und uns liebt, ist nicht das Ergebnis von folgerichtiger Argumentation. Unsere Überlegungen werden immer Fehler enthalten, auch wenn sie uns noch so schlüssig vorkommen. Gewissheit entsteht, wenn Gott uns begegnet. Er selbst muss uns überzeugen und unsere Zweifel überwinden.

Die beiden Männer, die enttäuscht von Jerusalem nach Emmaus gehen, nachdem Jesus gekreuzigt worden war, sind für mich das beste Modell. In Lukas 24,13-35 wird ihre Geschichte erzählt. Sie reden auf dem Weg über ihre Enttäuschungen. Ein unerkannter dritter Mann ist plötzlich bei ihnen und hört zu. Er mischt sich in ihr Gespräch ein: »Was sind das für Dinge, die ihr miteinander verhandelt unterwegs?« Ihre Reaktion: »Da blieben sie traurig stehen.« Sie erzählen ihre enttäuschende Geschichte mit Jesus. Sie berichten über die erschreckenden und verwirrenden Berichte der Frauen, die vom Grab des Jesus mit der Nachricht zurückgekommen waren, dass Jesus lebt.

Der Unbekannte redet ziemlich harsch und kritisch mit ihnen und erklärt ihnen die Ankündigungen der Bibel über das Leiden, Sterben und Auferstehen des Messias. Beim Abendessen bricht der Gast wie ein Hausvater das Brot und reicht es ihnen. »Da wurden ihre Augen geöffnet, und sie erkannten ihn.« Es war Jesus selbst, der ihren Zweifeln zugehört hatte und ihnen den Weg Gottes erklärte.

Das Ergebnis ist Staunen: »Brannte nicht unser Herz in uns, als er mit uns redete auf dem Weg und uns die Schrift öffnete?«

Jesus ist als der noch Unerkannte schon mit uns Zweiflern unterwegs. Darin liegt unsere Chance. Und er gebraucht die Bibel, um unser Verständnis für seine Wirklichkeit zu öffnen. Darum sind die Reden über Zweifeln und Staunen auf weite Strecken Erläuterungen biblischer Texte. Meine herzliche Bitte an Sie, liebe Leserin, lieber Leser, ist: Lesen Sie selbst die Bibel! Beginnen Sie mit den Evangelien im Neuen Testament. Sie berichten die Geschichte und die Worte von Jesus Christus. Nehmen Sie Ihre Fragen und Zweifel mit. Suchen Sie nach Gottes Antworten auf Ihre Fragen!

Die folgenden Texte möchten Sie auf diesem Weg begleiten. Sicher werden Sie in Ihrer Umgebung Christen finden, die Ihnen ebenfalls auf dem Weg Begleitung anbieten.

Die Reden sind frei und spontan gehalten worden. Ich habe keine ausformulierten Manuskripte vorgetragen. Lieber wollte ich mit den Hörern in ein lebendiges Gespräch kommen. Ich bedanke mich bei den Mitarbeiterinnen, die meine spontanen Reden von Tonträgern abgeschrieben haben. Zum Teil Satzfetzen und Redeweisen, wie sie im Ruhrpott gängig sind. Da stamme ich her. Beim Überarbeiten habe ich sehr daran gezweifelt, ob diese Texte überhaupt lesbar gemacht werden können. Ich habe es versucht. Die Lektorin des Verlages hat ein Übriges getan. Danke!

Ich hoffe, Sie kommen zurecht. Ich gebe Ihnen noch einmal den Rat: Lesen Sie auf jeden Fall die Bibel! Da sind Sie an der Quelle. Das wird Ihnen gut tun.

Mit herzlichen Segenswünschen
Ihr
Ulrich Parzany

Kassel, den 31. März 2003

1. UNGLAUBLICH, das Leben ist einmalig!

Eva-Maria Admiral und Eric Wehrlin haben unmittelbar vor dieser Rede eine Theaterszene mit dem Titel »Die zweite Chance« gespielt. Ein junger Mann erscheint zum Vorstellungsgespräch beim Generaldirektor einer Firma. Er trifft im Vorzimmer zuerst auf die Assistentin des Chefs. Er benimmt sich unmöglich. Aber nach jedem Fehler läutet eine Glocke und die verpatzte Situation wird noch einmal gespielt. Beim zweiten Versuch, manchmal erst beim dritten macht der junge Mann es richtig. Die Szene wirkt grotesk, witzig und alptraumartig zugleich.

Unglaublich! Ein katastrophales Benehmen. Er macht alles falsch, was man falsch machen kann. Alles verpatzt. Es gibt keine zweite Chance für den ersten Eindruck. Die Chance scheint verspielt. Ein Alptraum! Aber wie ein Video wird die Szene zurückgespult und noch mal neu gespielt. Toll, wenn man tatsächlich die riesengroße Chance hätte, die Fehler ungeschehen zu machen und das Versagen in einem zweiten Versuch wieder gutzumachen! Aber die Wirklichkeit ist anders. »Es macht mich etwas unruhig«, sagt der junge Mann, »zu wissen, dass es nur eine Chance gibt, um es richtig zu machen.« Mit dem ersten Eindruck haben wir keine zweite Chance. Das ist immer so.

Im Programm von ProChrist ist die Musikgruppe »Layna« aufgetreten. Bernd-Martin Müller, einer der Musiker, hat im Interview von den schweren Erfahrungen erzählt, durch die er und seine Frau Thea in den letzten Monaten gegangen sind. Krebsdiagnose! Die Ärzte haben von zwei bis fünf Jahren

Lebenserwartung gesprochen. Ein Schock. Mich hat tief bewegt, wie mutig das Ehepaar über diese Not gesprochen hat. Bernd-Martin sagte, er habe seine schwere Situation mit der Diagnose Krebs plötzlich als eine zweite Chance begriffen. Er wolle sein Leben als Musiker jetzt noch bewusster als ein Bote der Liebe Gottes leben. Das ist eine ganz andere Sicht von der zweiten Chance. Das ist Leben mit Tiefgang.

Einmalig heißt unwiderruflich

Ja, das Leben ist einmalig. Das heißt: Es passiert etwas und wir können das gelebte Stück Leben nicht wieder ungeschehen machen und neu leben. Ich war siebzehn Jahre lang Jugendpfarrer in der Stadt Essen. Bis heute erinnere ich mich an eine Situation, die mich immer noch sehr belastet. Ich bekam einen Anruf und wurde gebeten, einen Krankenbesuch zu machen. Ich kannte den Mann. Ich wollte ihn besuchen, natürlich. Aber ich hatte das eine oder andere noch vorher zu erledigen. Und so habe ich den Besuch etwas verschoben. Darüber ist der Mann gestorben, ohne dass ich ihn besucht hatte. Ich hatte die Beerdigung zu halten. Können Sie sich vorstellen, wie mir zumute war? Ich kann das Versäumte nie mehr wieder gutmachen. Es gibt dafür leider keine zweite Chance. Das tut weh.

So ist es leider oft. Was bin ich meinen Kindern schuldig geblieben? Wo habe ich Menschen durch mein Reden oder Schweigen, durch mein Tun oder Unterlassen verletzt? Ich würde vieles gerne noch einmal und dann ganz anders leben. Es geht nicht.

Man müsste so leben können, wie man einen Text in einen Computer schreibt. Man schreibt unbekümmert drauflos. Es kommt gar nicht darauf an, ob alle Kommas richtig drin sind und ob die Rechtschreibung stimmt. Man kann nachher in Ruhe verbessern. So müsste man leben können, nicht wahr?

Ich habe den Eindruck, dass sich viele Menschen heute so etwas wünschen. Etwa 50 Prozent der Bevölkerung in Deutschland, so sagen Umfragen, glauben an eine Reinkarnation –, dass sie also noch einmal in einem weiteren Leben auf die Welt kommen. Dahinter steckt der Wunsch, noch weitere Chancen zu haben. Es herrscht die Vorstellung: Es kommt jetzt nicht so ganz drauf an; wir leben erst mal ins Unreine; wir kommen noch mal wieder; dann können wir's ja ins Reine schreiben. Dabei ist nach den indischen Religionen, aus denen die Lehre der Reinkarnation kommt, die Wiedergeburt eher eine Last, wenn nicht gar ein Fluch, weil der Mensch es bisher noch nicht geschafft hat, aus dem mühevollen Kreislauf der Wiedergeburten auszusteigen und das absolute Bewusstsein zu gewinnen. Aber die Westeuropäer nehmen die Idee nur ganz oberflächlich auf und hoffen vage, dass sie es eben noch mal mit dem Leben probieren können.

Die Bibel sagt uns: Das Leben ist einmalig und endgültig. Das ist eine herbe Wahrheit. Im Neuen Testament lesen wir: Es ist dem Menschen bestimmt, einmal zu sterben und danach das Gericht. (Hebräerbrief 9,27)

Einmalig heißt, dass das Leben endgültig und unwiderruflich ist und dass wir dafür Verantwortung tragen. Wir werden als Personen von Gott ernst genommen. Und Person sein heißt: Ich bin ein Wesen, das Antwort geben kann und das verantwortlich ist für das Leben, das ich lebe.

Ich lese täglich einen Psalm aus der Bibel. Im Psalm 39,5 finde ich ein wichtiges Gebet: »Herr, lehre mich doch, dass es ein Ende mit mir haben muss und mein Leben ein Ziel hat und ich davonmuss.« Und im Psalm 90,12 heißt das Gebet: »Lehre uns bedenken, dass wir sterben müssen, damit wir klug werden.« Ja, ich möchte klug werden! Ich will Wichtiges und Unwichtiges besser unterscheiden können. Ich möchte mein Leben nicht sinnlos verschwenden. Darum will ich lernen, dass mein Leben endgültig ist, dass ich Verantwortung habe, dass mein Leben ein Ziel hat, dass ich nicht einfach erst ins Unreine leben kann.

Eine sperrige Geschichte

Jesus hat eine Geschichte erzählt, die uns die Augen öffnen kann. Sie finden diese Geschichte im Lukasevangelium, Kapitel 16, Verse 19–31. Vielleicht kennen Sie die Geschichte; vielleicht sind Sie überrascht.

Es bedrückt mich etwas, dass in unserem Lande immer mehr Menschen immer weniger von der Bibel wissen. Ich hörte neulich ein Radio-Interview mit einem Professor für deutsche Literatur: Er war erklärter Atheist, so sagte er in dem Interview. Aber er sagte auch, es falle ihm immer schwerer, die Studenten in der deutschen Literatur zu unterrichten, weil sie die Bibel nicht kennen und deshalb die Aussagen in der Literatur nicht von ihren Wurzeln her verstehen können. Unglaublich. Da ging es gar nicht um Glauben, da ging es um Bildung. Aber das ist ein anderes Thema. Aber wenn wir unsere Sprache und Literatur ohne die Bibel nicht wirklich verstehen können, wie wollen wir dann unser Leben ohne die Bibel verstehen?

Was Jesus sagt, ist sehr sperrig. Es scheint gar nicht in den Trend unserer Zeit zu passen. Aber die Wahrheit ist oft sperrig. Sie passt uns häufig nicht in den Kram.

Jesus sagt: »Es war aber ein reicher Mann, der kleidete sich in Purpur und kostbares Leinen.« Der kaufte nur in den besten Modehäusern. Er konnte sich das leisten. Er kleidete sich nicht einfach von der Stange. Er war ein reicher Mann »und lebte alle

Tage herrlich und in Freuden«. Das gönnen wir ihm. Das wünscht man sich. »Es war aber ein Armer mit Namen Lazarus, der lag vor seiner Tür voll von Geschwüren und begehrte sich zu sättigen mit dem, was von des Reichen Tisch fiel; dazu kamen auch die Hunde und leckten seine Geschwüre.«

Eine drastische Szene. Fast 2000 Jahre alt, aber es hat sich nichts geändert mit dieser Kluft. Manchmal hat man den Eindruck, dass unsere Zeit davon gekennzeichnet ist – nicht nur in der Zweidrittel-Welt, sondern auch zunehmend in Europa – dass die Kluft zwischen denen, die reicher und reicher werden, und denen, die ärmer und ärmer werden, immer größer wird. Eine schmerzliche Kluft.

Jesus sagt weiter: »Es begab sich aber, dass der Arme starb und er wurde von den Engeln getragen in Abrahams Schoß.« Kennen Sie den Gospelsong »Rock my soul in the bosom of Abraham«? Abrahams Schoß, das ist ein Bild für die Geborgenheit in der Nähe und in der Herrlichkeit Gottes. Er wurde also von den Boten Gottes nach seinem Tode in Abrahams Schoß getragen. »Der Reiche aber starb auch und wurde begraben. Als er nun in der Hölle war, hob er seine Augen auf in seiner Qual und sah Abraham von ferne und Lazarus in seinem Schoß. Und er rief: ›Vater Abraham, erbarme dich meiner und sende Lazarus, damit er die Spitze seines Fingers ins Wasser tauche und mir die Zunge kühle, denn ich leide Pein in diesen Flammen.‹« Die Bibel gebraucht zur Beschreibung der ewigen Trennung von Gott ganz unterschiedliche Ausdrucksweisen. Zum Beispiel: Heulen und Zähneklappern, das heißt Furcht, es kann auch Kälte bezeichnen. Hier ist es das Feuer, das die Qual verursacht. Das ist eine Wirklichkeit, die wir menschlich nicht begreifen können, über die viele blöde Witze gemacht werden. Aber das ändert nichts an der Tatsache, dass wir in Ewigkeit von Gott getrennt sein können. Wir sind dann in Ewigkeit verloren.

Abraham aber sprach: »Gedenke, Sohn, dass du dein Gutes empfangen hast in deinem Leben, Lazarus dagegen hat Böses empfangen; nun wird er hier getröstet, und du wirst gepeinigt. Und überdies besteht zwischen uns und euch eine große Kluft.« Noch einmal eine Kluft. Es gab eine riesige Kluft zwischen dem, der alles hatte, der sich alle Wünsche erfüllen konnte, der in Saus und Braus lebte, und dem, der vor seiner Tür lag, die Essensreste suchte, dem Hunde die Wunden leckten und der keine Lebensperspektive hatte. Nun ist wieder von einer Kluft die Rede. »›Es besteht zwischen uns und euch eine große Kluft, dass niemand, der von hier zu euch hinüberwill, dorthin kommen kann und niemand von dort zu uns herüber.‹ Da sprach er: ›So bitte ich dich, Vater, dass du ihn [den Lazarus] sendest zu meines Vaters Haus; denn ich habe noch fünf Brüder, die soll er warnen. Damit sie nicht auch kommen an diesen Ort der Qual.‹ Abraham sprach: ›Sie haben Mose und die Propheten, die sollen sie hören.‹« Sie müssen wissen, wenn die Juden von der Bibel sprachen, dann sagten sie »Mose und die Propheten«. Die fünf Bücher Mose und die Propheten bilden zusammen mit den anderen Schriften, zum Beispiel den Psalmen, die hebräische Bibel, das Alte Testament. So wie wir heute »Bibel« sagen, so sagten die Juden »Mose und die Propheten«. So heißt das hier: Sie haben die Bibel, »›die sollen sie hören‹. Er aber sprach: ›Nein, Vater Abraham, sondern wenn einer von den Toten zu ihnen ginge, so würden sie umkehren.‹ Abraham sprach zu ihm: ›Hören sie Mose und die Propheten nicht, so werden sie sich auch nicht überzeugen lassen, wenn jemand von den Toten aufstünde.‹«

Es gibt inzwischen eine Form von Christentum in Europa, die scheint diesen Text total ausgeblendet zu haben. Es gilt als anstößig, so endgültig und ausgrenzend zu reden. Das mache Angst. Aber es ist inzwischen die letzte Sicherung unserer Menschenwürde geworden, dass Gott darauf besteht, dass wir Personen sind, die Verantwortung haben und geben müssen. Das ist unsere Würde. Schätzen wir uns nicht selber wie irgendein Tier ein, das keine Verantwortung für sein Tun trägt! Das Tier kann nichts dazu. Seine Instinkte steuern es. Wenn wir die Verantwortung abweisen, tun wir so, als wären wir es nicht gewesen. Irgendjemand oder irgendetwas ist schuld, nicht wir selbst. Viele stehen für ihr Leben nicht mehr gerade. Mit einem solchen Verhalten verspielen sie ihre Menschenwürde.

Gott aber schaut uns ins Gesicht und sagt: »Ich habe dich geschaffen, du bist mein Geschöpf. Die Einzigartigkeit, die ich dir gegeben habe, besteht darin, dass du fähig bist, mir Antwort zu geben auf mein Wort. Du sollst verantwortlich leben. So wichtig bist du mir. Du bist keine Marionette, nicht irgendwie ferngesteuert, sondern du darfst Entscheidungen treffen. Und du darfst Verantwortung übernehmen und Antwort geben. Ich werde dich nach deinem Leben fragen.«

Wir werden alle von Gott gefragt werden. Das hängt nicht davon ab, ob wir an Gott glauben oder nicht. Die Existenz Gottes ist völlig unabhängig davon, ob Sie oder ich an ihn glauben oder nicht. Er hat die Welt geschaffen und erhält sie, solange er will, in jeder Sekunde, in jedem Molekül und jedem Atom. Und er wird das letzte Wort der Weltgeschichte sprechen und wir werden vor sein Angesicht treten. Das ist unsere Würde.

Umfragen zeigen, dass fast alle Menschen in Westeuropa in irgendeiner Weise ans Jenseits glauben. Sie haben zwar sehr unterschiedliche Vorstellungen, aber sie denken: Da kommt noch was – irgendwie. Aber diese Vorstellungen sind sehr, sehr nebelhaft und undeutlich. So scheinen wir es zu mögen. Nichts Genaues weiß man nicht. Die Folge: Was ich nicht weiß, macht mich nicht heiß. Und wenn ich nichts Genaues weiß, muss ich auch mein Leben nicht darauf einrichten.

Jesus sagt: »Ihr habt die Bibel.« Darin hat uns Gott mitgeteilt, wie er sich unser Leben vorstellt und dass wir ihm verantwortlich sind. Viele bezweifeln das. Um das zu glauben, müsste man irgendwas ganz Außergewöhnliches erleben, nicht wahr? Der verlorene reiche Mann war überzeugt, dass seine Brüder aufhorchen würden, wenn einer von den Toten auferstände. Ich bitte Sie, glauben Sie im Ernst, dass Sie Ihr Leben ändern, wenn Ihnen nachts eine verstorbene Verwandte erschiene? Würden Sie dann glauben, dass Gott lebt? Sie würden vielleicht zu einem Arzt gehen und sich auf psychische Störungen untersuchen lassen. Vielleicht würde der Bericht über dieses parapsychologische Erlebnis auf der Seite »Buntes« in den Zeitungen erscheinen.

Sie haben die Bibel, Gott hat es Ihnen schwarz auf weiß gegeben. Und wenn Sie die nicht lesen, werden Sie sich auch nicht von der Notwendigkeit der Umkehr überzeugen lassen, wenn ein Toter auferstände. Machen wir uns nichts vor! Sensationen befriedigen das Sensationsbedürfnis, aber sie führen nicht zur Klärung und Neuorientierung des Lebens.

Hier liegt der Grund, warum ich in diesen Reden die Bibel als maßgebende Quelle zu Wort kommen lasse. Ich möchte mit Ihnen die Bibel lesen. Darin redet Gott zu uns. Sie dürfen getrost Ihre Zweifel mitbringen. Sie müssen nicht alles schon vorweg glauben. Mir und Ihnen ist nicht damit gedient, dass Sie leichtgläubig mit dem Kopf nicken. Es ist uns nur damit gedient, dass wir hören und prüfen. Und dann das, was wir erkannt haben, in unserem Leben anwenden. So werden wir eine Veränderung in unserem Leben erfahren.

Jesus will, dass wir umkehren. Wir sollen uns neu orientieren. Wir sollen endlich kapieren, dass Gott, dem wir eines Tages Antwort geben müssen, uns heute schon ganz nahe gekommen ist. In Jesus Christus ist er Mensch geworden. Er ist so dicht an uns herangekommen, dass wir ihn kennen lernen können. Wir dürfen mit ihm sprechen. Wir dürfen zu ihm du sagen. Wir nennen das Beten. Er hat uns dazu eingeladen.

Diese sperrige Geschichte redet zu uns von den Klüften, die unser Leben kaputtmachen: von der sozialen Kluft zwischen den reichen Hartherzigen und den Armen, die kaputtgehen; und dann von der Kluft zwischen denen, die verloren gehen, weil sie auf Gott gepfiffen haben und meinten, dass sie ihn nicht brauchten, und denen, die in der Gemeinschaft mit Gott zu Hause sind, die in seinen Armen Ruhe finden. In Zeit und in Ewigkeit.

Jesus erzählt diese Geschichte, weil er der ist, der die Brücke über die Kluft baut. Er erzählt sie nicht, um uns Angst zu machen, sondern er sagt uns die Wahrheit! Man muss es doch nicht drauf ankommen lassen. Es gibt immer wieder Leute, die denken, sie könnten irgendwann auf dem Sterbebett ihr Leben in Ordnung bringen. Meine Beobachtung ist: Wenn wir Menschen älter werden, wollen wir unser Leben nicht noch mal neu orientieren. Im Gegenteil, es fällt uns immer schwerer, noch einmal neu anzufangen. Wir können kaum zugeben, dass wir bisher falsch gelebt haben. Wir verhärten. Wir werden immer selbstgerechter. Nein, nein, man wird nicht automatisch religiös.

Wer hilft uns über die Kluft?

Aber wenn Gott uns die Hand hinstreckt – und Jesus ist die ausgestreckte Hand Gottes – und sagt: »Komm, ich möchte dir über diese Kluft helfen. Ich will wirklich wegnehmen, was dich von Gott und den Menschen trennt, was dein Leben von der Quelle des Lebens isoliert.« Die Bibel nennt das Vergebung der Sünden,

Vergebung des Trennenden. Bringen Sie die Hartherzigkeit, die Unbarmherzigkeit, die Lüge, den Ehebruch, die Kälte, den Zynismus, die Menschenverachtung zu Jesus. Sagen Sie: »Hier ist mein Leben, ich will es nicht länger beschönigen. Ich bekenne dir meine Sünden, ich möchte neu anfangen. Ich möchte Verantwortung übernehmen. Ich möchte vom Ziel her leben.« Jeder Unternehmer weiß, dass sein Unternehmen nichts werden kann, wenn er keine klaren Ziele hat und wenn er nicht vom Ziel her die Prioritäten setzt. Wenn Sie ziellos in den Tag hineinstolpern, was soll dann aus dem Unternehmen »Leben« werden? Jesus sagt, dass unser Leben jetzt entscheidend ist. Wie wir jetzt leben, entscheidet darüber, wie wir unsere Ewigkeit zubringen. Was heißt das denn? Das heißt: dieses kleine, bruchstückhafte Leben ist wichtig, ist kostbar. Ich bitte Sie, leben Sie nicht so, als käme es nicht drauf an. Jesus will, dass unser Leben gelingt. Achten Sie darauf, was Gott alles unternommen hat, dass es gelingt. Er ist selber Mensch geworden. So hat sich keiner Gott vorgestellt. Am klarsten erkennen wir Gott am Kreuz. Sie haben ihn dort angenagelt. Er ist verblutet. »So sehr hat Gott die Welt geliebt, dass er seinen einzigen Sohn hingab, damit alle, die dem sich anvertrauen, nicht vor die Hunde gehen, nicht verloren gehen, sondern ewiges, gültiges, schöpferisches Leben haben.« (Johannes 3,16)

Dort am Kreuz erkennen Sie Gott. Er reicht uns die Hand. Er möchte, dass die Kluft überbrückt wird. Und wenn die Brücke gebaut ist, kann ein neues Leben, ein schöpferisches Leben beginnen.

Georg Carver und die Erdnüsse

Wir haben das Thema gewählt: »Unglaublich, das Leben ist einmalig.« Dieser Begriff »einmalig« hat eine doppelte Bedeutung.

Das passiert einmal. Aber gerade das kann einem Angst und Sorge machen. Ja, diese Sorge ist berechtigt. Wir sollen uns selber ernst nehmen.

Aber es bedeutet auch, dass dieses Leben einmalig kostbar und schön ist. Ich möchte Ihnen beschreiben, wie das sein wird, wenn ein Mensch sich mit Jesus verbindet, Vergebung der Sünden empfängt, mit dem schöpferischen Gott in Gemeinschaft lebt. Ich will Ihnen sagen, was das bedeutet, wenn wir mit Gott sprechen können wie mit dem guten Freund oder wie mit einem liebevollen Vater. Ich möchte Ihnen das an dem Beispiel eines Menschen erzählen. Ich weiß nicht, ob Sie je von Dr. George Carver gehört haben. Er war einer der bedeutendsten Männer Nordamerikas. Er ist 1943 im Alter von 79 Jahren gestorben. Er war einer der Führer der Afroamerikaner, die aus der Sklaverei kamen. Er war ein genialer Chemiker und ein großer Künstler. Er ist selber als Sklave geboren. Er war als Kind so erbärmlich schwach und krank, dass man ihm überhaupt keine Überlebenschance gab.

Geoge Carver entwickelte eine große Neugier für die Natur. Er lebte mit der Gewissheit, dass Gott lebt und uns in Jesus nahe gekommen ist. Er war ein Beter.

Von George Carver wird die folgende Geschichte berichtet. Im Süden der USA wurde intensiv Baumwolle angepflanzt. Dadurch war im Laufe der Jahre der Boden ausgelaugt worden. Die Farmer wussten nicht, was sie tun sollten. Die Erträge gingen immer mehr zurück. Dr. Carver gab ihnen eines Tages den Rat, sie sollten Erdnüsse anpflanzen, um dem ausgelaugten Boden wieder die nötigen Stoffe zuzuführen. Das taten sie. Es gab überreiche Erdnussernten. Nun gab es ein neues Problem: »Was machen wir mit all den Erdnüssen?« Man kann ja nicht nur immer Erdnüsse essen. Die Farmer bedrohten George Carver richtig. Sie fühlten sich betrogen.

Carver war verzweifelt. Was sollte er tun? Er stand sehr früh morgens auf, saß vor Sonnenaufgang hinter seinem Haus und betete. Er suchte morgens in der Stille die Gegenwart und Kraft Gottes. Und er las seine Bibel. Er haderte mit Gott. Dann betete er: »Herr, Gott, warum hast du die Welt geschaffen?« Und im Gebet spürte er innerlich, dass Gott ihm sagte: »George Carver, diese Frage ist viel zu groß für dich.« Dann betete er: »Gott, wenn das zu groß für mich ist, dann sag mir, warum hast du die Menschen geschaffen?« Er hörte innerlich die Stimme: »George Carver, auch diese Frage ist für dich viel zu groß.« Daraufhin betete er weiter: »Gott, wenn diese Fragen zu groß für mich sind, dann sag mir, warum hast du die Erdnuss geschaffen?« Und er hörte in seinem Inneren eine Stimme, die sagte: »George Carver, diese Frage will ich dir beantworten.«

George Carver ging in sein Laboratorium. Er arbeitete drei Tage lang, ohne zu schlafen. Das Einzige, was er als Nahrung zu sich nahm, war immer wieder mal eine Hand voll Erdnüsse. Er arbeitete daran, was man aus Erdnüssen machen kann. Und er hat in diesen Tagen zahllose Produkte entwickelt: synthetischen Marmor, Speiseeis, Kosmetika. So sind Hunderte von Produkten entstanden. Als er fertig war, hat er führende Leute der Gesellschaft aus der Umgebung zu einem Dinner eingeladen. Sie wurden reich bewirtet und genossen das Abendessen. Er fragte sie zum Schluss: »Hat es Ihnen geschmeckt?« Die Gäste applaudierten begeistert. Darauf George Carver: »Meine Damen und Herren, ich möchte Ihnen sagen, Sie haben heute Abend nichts anderes als Erdnüsse gegessen. Alles, was sie aßen, war aus Erdnüssen hergestellt.«

So ist George Carver zum Segen für zahllose Menschen in Not geworden.

Sechs Milliarden Menschen leben auf diesem Globus und nicht zwei sind gleich. So fantasiereich und vielseitig ist Gott.

Das Klonen als der Versuch, immer dieselben Typen zu machen, ist der stumpfsinnige Versuch des Menschen, der es meint besser zu wissen als Gott und der die Welt dadurch ruiniert.

Das Abenteuer des eigenen Lebens

Entdecken Sie das Abenteuer Ihres eigenen Lebens. Schauen Sie nicht voller Neid auf andere: »Wenn ich es so gut hätte wie der, so gesund oder so jung oder so reich oder so begabt ...« Entdecken Sie ihr eigenes Leben, diese Mixtur von besonderen Gaben und besonderen Grenzen, wie sie jeder von uns in einzigartiger Weise hat. Das ist aufregend.

Sagen Sie zu Gott: »Herr, ich möchte mein Leben als Geschenk aus deiner Hand nehmen, ich möchte den Rest meines Lebens dieses Geschenk auspacken und die Gaben entdecken. Ich möchte lernen, wo ich die Grenzen überschreiten kann und wo ich Grenzen annehmen muss. Die will ich in Dankbarkeit annehmen und möchte das Optimum meines Lebens leben – aus deiner Kraft, Herr, und unter deiner Regie.«

Der Schöpfer hat uns die Bibel als Gebrauchsanleitung für das Leben gegeben. Lesen Sie die zehn Gebote und die Bergpredigt von Jesus. Das ist Gottes Gebrauchsanweisung, wie unser Leben gelingen soll. Sie werden das Leben als ein wirkliches Geschenk entdecken.

Das Leben wird nicht immer einfach sein. Thea und Bernd-Martin Müller, die Musiker der Gruppe »Layna«, haben uns erzählt, wie sie mit der erschreckenden Diagnose Krebs leben müssen. Viele wissen aus eigener schmerzlicher Erfahrung, dass wir durch schwere, schwere Stunden gehen müssen. Muss das sein? Wie können wir das ertragen? Thea und Bernd-Martin haben gesungen: »Wohin soll ich gehen?« Und als Gebet zu Gott: »... aus deinem Mund höre ich das schönste Liebeslied.«

Wer ist Gott für Sie? Irgendeine blasse, ferne Idee? Eine theologische Formel? Ein theologisches Argument, über das wir streiten? Haben Sie je gehört, wie Gott sein Liebeslied in unser Leben hineinsingt? Der Gott, der am Kreuz hängt, um zu sagen: »So sehr habe ich dich geliebt. Ich kenne deine Schmerzen.« Jesus schreit in der Not der Todesangst. Ein Gott, der in Todesnot schreit? So wollen wir Gott nicht. Aber so ist der lebendige Gott, der wirkliche Gott. Nicht der ausgedachte Gott. Er sagt uns: »Du sollst wissen, ich kenne deine Schmerzen und ich nehme dein Leben in diese starken, zarten Hände, die nicht zerdrücken, aber tragen. Die trösten.« »An deiner Hand kann ich fallen und du hältst mich fest«, haben Thea und Bernd-Martin gesungen. Das ist Leben in tiefster Geborgenheit. Unglaublich. Einmalig. Nicht immer der leichte Weg. Aber voller Tiefe und Schönheit.

Ich habe heute in einem Park gestanden und die zart grünenden Äste eines Baumes betrachtet. Unglaublich schön. So ist unser Leben. Oder ich denke an Gespräche mit guten Freunden, die zuhören und verstehen. Es ist unglaublich schön, wenn man solche Gespräche, solche Begegnungen erlebt. Und es ist auch tief und groß und schön, einander in der Traurigkeit zu trösten. Wir dürfen spüren, wie die Hände des gekreuzigten Gottes uns umfangen und tragen. Wir sind in ihnen geborgen.

Leben ist einmalig. Es ist endgültig, es ist unwiderruflich. Ja, wir werden Rechenschaft geben müssen. Aber gerade dadurch wird das Leben wichtig. Gott möchte, dass es gelingt. Und deshalb ist meine herzliche Bitte heute Abend, dass Sie sich mit Jesus verbinden, und so die Gemeinschaft mit Gott anfangen zu erfahren. Vielleicht kommt Ihnen das alles noch fremd vor. Aber was spricht eigentlich dagegen, dass Sie einen ersten Schritt tun? Ich möchte Sie dazu einladen.

Das Kreuz, an dem Jesus starb, ist unser Treffpunkt. Das Kreuz ist wie ein Pluszeichen der Liebe Gottes vor unserem Leben. Der gekreuzigte Jesus überwindet die Kluft – nicht nur zwischen Gott und uns Menschen, sondern auch zwischen Arm und Reich. Wenn wir mit dem barmherzigen Gott verbunden sind, wird auch die Härte unseres Herzens überwunden. Wir möchten dann barmherzig werden, verantwortlich leben, mit anderen teilen. Sagen Sie zu Gott: »Du hast mir viel gegeben. Ich danke dir dafür!« Freuen Sie sich daran, er gönnt es Ihnen. Aber fragen Sie ihn auch: »Was ist meine Verantwortung? Wem kann ich damit dienen? Wie kann ich anderen, die in Not sind, damit richtig dienen – mit Herz und Verstand?« Sie werden damit die Kluft zwischen denen, die alles haben, und denen, die nichts haben, überbrücken helfen. Das ist eine Folge davon, dass die Kluft zwischen uns Menschen und Gott überbrückt wurde.

Sagen Sie: »Jesus, ich danke dir, dass du mich so sehr liebst. Ich habe deine Einladung gehört. Ich öffne dir mein Leben. Ich bekenne dir meine Sünden, alles, was ich falsch gelebt habe. Ich bitte dich um Vergebung. Ich danke dir, dass du für mich gestorben und auferstanden bist. Von jetzt an soll mein Leben dir gehören. Zeig mir deinen Weg! Gib mir deine Kraft! Danke, dass du mich annimmst.«

Dieses Anfangsgebet wird ein erster Schritt auf einem neuen Weg sein. Manche haben irgendwann mal im Glauben an Gott persönliche Erfahrungen gemacht. Aber der Faden ist abgerissen. Es ist nur noch Tradition. Es lebt nichts mehr in uns. Da ist keine Kraft, die uns trägt. Da ist keine Erfahrung dieser Liebe, die uns Geborgenheit gibt. Dann nehmen Sie es neu für sich in Anspruch.

2. Unglaublich, Gott schreibt Liebesbriefe!

»Vielleicht kommst du mit« ist der Titel eines Liedes, das Manfred Siebald geschrieben hat und singt. Der Anstoß zu diesem Lied war eines der letzten Worte des Reformators Martin Luther: »Wir sind Bettler, das ist wahr.« Dieses schöne Lied drückt aus, was die vielen miteinander verbindet, die bei ProChrist mitgewirkt haben, die vielen Künstler, die Dolmetscher, die vielen Menschen, die hinter und vor den Kulissen gearbeitet haben, auch die an den 1300 Übertragungsorten in 17 Ländern Europas. So verschieden wir sonst sind, wir haben eins gemeinsam: Wir sind wie Bettler, die bei Gott anklopfen durften und die von ihm das Brot der Hoffnung, das Brot des Lebens empfangen haben. Seitdem gehen wir immer wieder zu ihm und empfangen, was wir zum Leben brauchen. Aber wir möchten es nicht nur für uns haben. Wir möchten anderen Menschen zeigen, wo es die Lebensnahrung gibt. Wir bitten Sie und hoffen: »Vielleicht kommst du mit!«

Sie brauchen es doch auch. In dieser Welt, in der der Hunger nach Anerkennung und nach Sicherheit immer größer wird. Gerade in diesen Tagen denken viele Menschen, die das große Weltgeschehen mitverfolgen: Was bedeutet eigentlich mein kleines Leben? Wo gibt es Zuflucht für mich? Was kann ich tun?

Manchmal macht einen unsere Ohnmacht wütend. Wir aber möchten als Bettler, die vom Brot der Hoffnung gegessen haben, Sie einladen, mitzukommen und zu kosten. »Vielleicht kommst du mit.«

Ich will Sie jetzt auf etwas aufmerksam machen, das Ihnen vielleicht bisher entgangen ist. Nämlich, dass Gott Liebesbriefe schreibt. Ja, das ist unglaublich. Liebesbriefe schreiben, das ist etwas sehr Menschliches. Meine Frau und ich haben zu Hause eine große Kiste mit Liebesbriefen. Als wir verlobt waren, arbeitete ich in Jerusalem und im Westjordanland in Beit Jala und Bethlehem. Das war in den 60er Jahren. Wir konnten das ganze Jahr über nicht telefonieren. Man kann sich das heute gar nicht mehr vorstellen. Geht das Leben überhaupt ohne Telefon, Fax, SMS und E-Mail? Nein, das war nicht die Steinzeit. Das ist noch keine 40 Jahre her. Wissen Sie, was wir getan haben? Wir haben ein Jahr lang jeden Tag jeder einen Brief geschrieben. Und die kamen nach acht bis zehn Tagen an. Dann haben wir innerlich die Zeit zurückgespult und unsere Tage miteinander erlebt. Diese Liebesbriefe haben wir alle zusammengebündelt aufbewahrt. Wenn wir mal Zeit haben, lesen wir sie vielleicht wieder. Den jungen Leuten, die jetzt alles mit E-Mail machen, sage ich: Vergesst nicht zu speichern! Es wäre doch ein Jammer, wenn die elektronischen Liebesbriefe alle einfach gelöscht würden.

Jesus klopft an

Liebesbriefe sind etwas unglaublich Schönes und Menschliches. Aber Gott, schreibt Gott Liebesbriefe? Ja. Im letzten Buch der Bibel, in der Offenbarung des Johannes, finden wir sieben Briefe, die der auferstandene Jesus seinem Botschafter Johannes, einem seiner engsten Freunde und Mitarbeiter, diktiert hat. Sie sind an sieben christliche Gemeinden im Bereich der heutigen Türkei gerichtet. An Ephesus zum Beispiel und Sardes und andere.

Das sind wirkliche Liebesbriefe. Da steht zum Beispiel im letzten dieser Briefe, in Offenbarung, Kapitel 3, Vers 20: »Siehe, ich stehe vor der Tür und klopfe an. Wer die Tür auftut, zu dem will ich hineingehen und will Tischgemeinschaft mit ihm halten.« Das sagt Jesus. Tischgemeinschaft steht für die alltägliche Lebensgemeinschaft, in der er das Brot der Hoffnung gibt und uns stärkt. Etwas Wehmut liegt in diesem Wort. Jesus steht vor der Tür? Er schreibt das an eine christliche Gemeinde. Das war damals schon die Gefahr, dass es Christentum und Kirchen gibt, wo Jesus draußen vor der Tür steht. Christen, die Jesus ausgeschlossen haben?

Leider ja. Sie mögen als kleines Kind getauft worden sein. Sie waren vielleicht sogar mal in der christlichen Jugendarbeit engagiert. Aber Sie haben den Kontakt verloren. Sie sind nicht gegen den christlichen Glauben. Wer ist schon dagegen? Irgendwie glauben wir doch alle an ein höheres Wesen. Aber das hat überhaupt keine gestaltende Kraft für Ihren Alltag. Sie haben nicht die Erfahrung gemacht, dass Gott wirklich lebt.

In Asien und Afrika schauen die Menschen nach Europa und sagen – ich habe das auf meinen Reisen oft gehört –: »Ihr lebt in christlichen Ländern.« Ich habe dann gedacht: Wenn ihr wüsstest, welch geringe Anzahl von Menschen in Deutschland und in Europa vom christlichen Glauben etwas halten. Ja, viele gehören zu christlichen Kirchen. Aber was bedeutet das? Viele gehören nicht einmal mehr formell dazu. Warum sollten sie auch, wenn sie mit dem Glauben an Jesus Christus gar nichts anfangen können?

Jesus schreibt an die Gemeinde in der Türkei: »Siehe, ich stehe vor der Tür und klopfe an.« Er bricht nicht ein. Er klopft an und wartet darauf, dass wir von innen öffnen und ihm Zugang geben. Sie werden vergeblich darauf warten, dass Gott Sie niederwalzt wie mit einem Panzer. Manchmal beobachte ich

Menschen, die scheinen auf so etwas zu warten. Sie wollen selbst keine Entscheidung treffen. Sie wollen nicht selbst öffnen. Sie erwarten, dass Gott gewaltsam einbricht.

Meinen Sie, so ginge Gott mit uns um? Er hat uns als sein Gegenüber geschaffen, als Personen. Er verleiht uns die Würde, Antwort zu geben, verantwortlich zu sein. Darum steht Jesus vor der Tür unseres Lebens und klopft an. Es kann ganz leise sein. Vielleicht ist so viel Lärm in Ihrem Leben, dass Sie das Klopfen überhören. Ich wünsche mir so sehr, dass Sie das Klopfen des lebendigen Gottes an Ihrer Tür hören.

Briefe aus Fleisch und Blut

Aber Gott schreibt noch ganz andere Liebesbriefe. Paulus war einer der wichtigsten Botschafter des Jesus Christus für Europa. Er brachte die Botschaft von Jesus in die Zentren Europas. Er hat im Laufe seiner Arbeit einmal den Christen in der griechischen Hafenstadt Korinth geschrieben: »Ihr seid ein Brief des Christus.« Nicht mit Tinte geschrieben, sagt er, sondern mit dem Geist des lebendigen Gottes. Er hat euer Leben erfasst, geformt und erfüllt. Und der Geist Gottes bewirkt vor allen Dingen Liebe in einem Leben, das er formt.

Dr. Heinz Deichmann hat im Laufe eines ProChrist-Abends in Essen von seiner Arbeit mit Lepra-Kranken in Indien erzählt. Die Lepra-Kranken spüren die Liebe, wenn ein Mensch sie umarmt. Ja, das ist die Geste von Jesus. Er breitet die Arme aus und umarmt die Menschen, vor denen wir uns normalerweise ekeln. Oder vor denen wir Angst haben. Menschen, die in Leid geraten, wissen, wie schnell man einsam wird und wie schnell die Leute Abstand halten. Da ruft plötzlich keiner mehr an. Deshalb ist es die große Liebesgeste Gottes, Menschen in die Arme zu schließen. Er gebraucht dazu auch immer wieder menschliche Arme. Arme von Menschen, deren Herzen er mit seiner Liebe erfüllt hat.

Paulus also schreibt an die Korinther: »Ihr seid ein Brief des Jesus Christus an die Menschen.«

Es ist 38 Jahre her, dass ich als Teenager in der Stadt Essen solche Liebesbriefe bekam. Ich weiß nicht, ob ich heute Christ wäre, wenn ich damals nicht in dieser Stadt einigen lebendigen Liebesbriefen Gottes begegnet wäre: Monti Bauder, Hartwig Lücke, Conny Kramer. 18-, 20-jährige junge Kerle aus dieser Stadt, die Jesus mit seiner Liebe erfüllt hatte. Sie haben sich um Jungens wie mich gekümmert. Sie haben uns besucht, unsere Langeweile bekämpft, mit uns Fußball gespielt, geboxt und mit uns die Bibel gelesen haben. Sie haben uns gesagt: »Jesus lebt, steckt die Nase rein in diese Bibel! Kapier doch, was Gott mit dir vorhat.« Und weil ich ihre Liebe und Wertschätzung spürte, weil ich bei ihnen merkte, dass Gott real ist und mir ganz nahe kommt, deshalb habe ich mich geöffnet. Das war der Anfang.

Ich habe später erst begriffen, dass Gott schon vorher viele Liebesbriefe in mein Leben geschickt hatte. Meine Mutter und mein Vater waren Liebesbriefe Gottes an mich. Sie sind beide schon in Gottes Herrlichkeit. Ich bin dankbar, dass ich früh in meinem Leben durch sie die Liebe Gottes spüren durfte.

So schreibt Gott Liebesbriefe. Haben Sie die Liebesbriefe Gottes gelesen? Und er möchte, dass Sie selber ein Liebesbrief werden, den Gott an bestimmte Menschen schickt. Auf der Erde leben sechs Milliarden Menschen, in Europa 300 Millionen. Viele von ihnen ahnen nicht, was Gott für sie bereitet hat. Sie hungern nach Liebe, sie hungern nach Geborgenheit und Sicherheit. Wer bringt sie auf den Geschmack, dass Gott kein höheres Wesen ist, sondern dass er uns in Jesus nahe gekommen ist und uns umarmt. Er ekelt sich nicht vor uns. Er wendet sich nicht ab. Er schließt uns in die

Arme. Die Arme des Gekreuzigten sind die Arme des barmherzigen Gottes. Er wartet, dass wir in seine Arme laufen.

Sie sind vielleicht ein Leben lang weggelaufen. Sie haben es immer besser gewusst als Gott. Ich bete und hoffe, dass Sie immer und immer wieder Liebesbriefe von Gott in Gestalt von Menschen bekommen, die Sie spüren lassen, dass Gott Sie nicht aufgegeben hat. Er sehnt sich danach, dass Sie endlich kommen und die Liebe erwidern. Was ist die angemessene Antwort auf eine Liebeserklärung? Eine Diskussionsrunde? Wer eine Liebeserklärung ausspricht, sehnt sich danach, dass eine Antwort der Gegenliebe kommt, dass der oder die Geliebte sich öffnet und sagt: »Ja, ich liebe dich auch.« Dann kann die Liebe einströmen und ihre heilenden Kräfte beweisen.

Das ganze Buch ein Liebesbrief

Ja, es ist unglaublich, Gott schreibt Liebesbriefe. Die ganze Bibel ist ein Liebesbrief Gottes. Vielleicht finden Sie, dass diese Bezeichnung für die Bibel befremdlich, zumindest merkwürdig und ungewohnt ist. Wieso soll ein Buch, das nicht ganz einfach zu verstehen ist, ein Liebesbrief Gottes sein? Ich will Ihnen das anhand der Bibel erklären. Ich will Ihnen einfach erzählen, was die Bibel von sich selber sagt. Warum gibt es sie eigentlich? Warum ist es nötig, dass Gott schriftlich zu uns redet?

Warum Gott es uns schriftlich gibt

Im Jahre 605 vor Christi Geburt lebte in Jerusalem der Prophet Jeremia. Ein Prophet ist ein Mensch, zu dem Gott deutlich spricht, und der die gehörten Worte im Namen und im Auftrag

Gottes weitersagen muss. Das war ein schwieriger Dienst. Dieser Prophet Jeremia hatte eine sehr unpopuläre Botschaft. Das Wort Gottes in dieser Welt zu sagen, entsprach nie dem Trend der Zeit. Deshalb hielt sich der Applaus immer stark in Grenzen. Daran hat sich bis heute nichts geändert.

Eines Tages sagt Gott zu Jeremia: »Nimm eine Schriftrolle.« Damals schrieb man nicht in Kladden, sondern auf Pergament, das dann aufgerollt wurde. Man schrieb in Spalten. Jeremia bekam den Auftrag: »Nimm eine Schriftrolle und schreibe darauf alle Worte, die ich zu dir geredet habe, über Israel, über Juda und alle Völker von der Zeit an, da ich zu dir geredet habe.« Das lesen wir in Jeremia, Kapitel 36. Er bekommt also den Auftrag, nicht nur wie bisher mündlich das Wort weiterzusagen, sondern es aufzuschreiben. Warum? Für das Archiv, wegen des historischen Interesses? Für die Bibliothek? Nein, Gott sagt ihm: »Vielleicht wird das Haus Juda, wenn sie hören von all dem Unheil, das ich ihnen zu tun gedenke, sich bekehren, ein jeder von seinem bösen Wege, damit ich ihnen ihre Schuld und Sünde vergeben kann.« (Jeremia 36,3)

Das ist der Grund, warum Gott es uns schriftlich gibt. Etwas ganz Wichtiges, auf das man sich unbedingt verlassen muss, das wird geschrieben und unterschrieben und dann noch vom Notar beglaubigt. Darauf kann man sich berufen. Das gilt. Es ist ein Ausdruck der Dringlichkeit und Gültigkeit, wenn man zu jemandem sagt: »Das gebe ich dir schriftlich.« Das heißt: Das sollst du ganz sicher wissen. So ist das hier. Gott hatte es den Menschen damals gesagt: Kehrt um! Aber es änderte sich nichts.

Die Menschen hatten zwar ihre Religion. Aber Religion dient immer zur Bestätigung der Menschen. Sie soll die emotionalen Defizite ausfüllen. Sie gibt Trost. Sie bestätigt und sagt sozusagen: »Du bist schon okay, mach mal ruhig so weiter.« Aber wir möchten nicht hören: »Das Leben geht vor die Wand, wenn du so weitermachst. Es ist nicht richtig, was du tust. Dein Leben kann nicht gelingen, wenn du Gottes Gebote mit Füßen trittst. Kehr um!«

Jeremia musste damals der Stadt Jerusalem sagen: »Es wird Krieg geben. Die Stadt wird von den Neubabyloniern erobert und zerstört werden. Das ist Gottes Gericht über euch.« Da empörten sich die Leute: »Gott ist doch mit uns, Gott wird uns schützen. Gott ist doch ein lieber Gott.« Und dann musste der Jeremia sagen: »Ihr täuscht euch. Gott ist ein heiliger Gott. Und ihr habt ihn beleidigt. Ihr habt seine Worte und Gebote mit Füßen getreten. Ihr habt euch einen Dreck um ihn gekümmert. Als es euch gut gegangen ist, habt ihr gesagt, wir sind okay. Wenn es euch schlecht geht, sagt ihr: Wie kann Gott so etwas zulassen? Gott ist kein Hampelmann. Und ihr werdet erleben, dass er Gericht hält.«

Jeremia war ein sehr sensibler Mann, der an dieser harten Botschaft schier zerbrochen ist. Er wollte diese Botschaft eigentlich nicht sagen. Er wollte lieber etwas Angenehmeres verkünden. Aber Gott befahl ihm, die Wahrheit zu sprechen. Vielleicht kapieren es die Menschen und kehren um. Sie hörten es damals nicht. Sie verhafteten ihn. Sie versuchten, ihn mundtot zu machen. Es standen andere Propheten auf, die gegen ihn redeten: »Der ist ein Irrlehrer. Gott ist doch die Liebe. Er tut nicht so etwas Böses.« – Es gibt zu allen Zeiten den Kampf um die Wahrheit.

In dieser Situation beauftragt Gott den Jeremia, die Worte aufzuschreiben. »Vielleicht bekehren sie sich von ihren bösen Wegen, wenn sie das hören ...« Meine Güte, der Allmächtige Gott sagt »vielleicht«. Er ist sich noch nicht einmal sicher, ob die Aktion Erfolg hat.

Bekehren ist ein starkes Wort. Es bedeutet, dass wir die Lebensrichtung ändern und in die entgegengesetzte Richtung gehen. Wir sagen damit: »Ich will nicht mehr ohne Gott leben. Ich will nach seinem Wort fragen. Ich möchte mich für ihn öffnen. Ihm will ich dienen. Ich will mich abkehren vom bisherigen Leben und will ihm folgen. Ich freue mich, dass er mich nicht aufgegeben hat.« Das steckt in dem Wort »bekehren«.

Gott sagt: »Vielleicht werden sie sich bekehren, ein jeder von seinem bösen Wege, damit ich ihnen ihre Schuld und Sünde vergeben kann.« Nichts lieber möchte Gott tun, als den ganzen Bruch unseres Lebens wegnehmen. Dazu ist er Mensch geworden und hat sich unser Versagen auf die Schultern geladen. Er hat die Konsequenzen bis zum Letzten erlitten, er ist am Kreuz gestorben. Und Gott hat ihn bestätigt, indem er Jesus auferweckt hat. Damit sagt Gott: »Jesus ist der Lastenträger. Er trägt alles weg, was euer Leben zerstört. Kehrt um!«

Wie geht die Geschichte weiter? Nun, das Schreiben ist eine sehr lange, mühselige Arbeit gewesen. Und weil der Prophet Jeremia unter Hausarrest stand und nicht in die Öffentlichkeit gehen durfte, schickte er seinen Sekretär Baruch an einem religiösen Fest in die großen Vorhöfe des Tempels. Da waren Tausende von Menschen. Baruch stellte sich auf den Platz und fing an, laut vorzulesen. Sofort sammelte sich eine Menschenmenge um ihn. Die Leute hörten gespannt zu und erschraken.

Der Sekretär des Kabinetts, also der Regierung in Jerusalem, stand dabei. Der merkte: Das betrifft ja nicht nur die einzelnen Menschen, das betrifft unsere ganze Stadt Jerusalem, unser ganzes Land. Das betrifft auch die Regierung. Das müssen die doch wissen. Er rennt ins Regierungsgebäude. Da tagt gerade das Kabinett. Er berichtet dort, was draußen passiert. Der Chefminister ordnet an: »Lass den Baruch mit seiner Schriftrolle kommen. Wir wollen uns das mal anhören.« Baruch wird gebracht. Sie lassen sich den Text vorlesen. Und dann sagt einer der Minister: »Wir müssen das dem König vorlegen. Er muss das wissen.«

Sie fragen den König Jojakim. Der erlaubt ihnen, die Rolle vorzulesen. König Jojakim war ein mieser Typ. Miese Typen sind all die Machthaber, die Recht sagen und nur ihre Macht meinen. Wo Macht vor Recht geht, da ist die Weisheit am Ende und da bleibt das Wohl der Menschen auf der Strecke. König Jojakim war so ein Typ. Der saß in seinem Wintergarten und wärmte sich an einem Holzkohlebecken.

Ein Sekretär liest Spalte für Spalte Gottes Wort vor. Und dann passiert etwas Gespenstisches: König Jojakim nimmt ein Messer. Und immer, wenn drei, vier Spalten gelesen sind, schneidet er sie ab und wirft sie ins Feuer. Eisiges Schweigen ringsum. Es geht ihnen kalt und heiß den Rücken rauf und runter. Die Stimme des Sekretärs. Die Worte Gottes wie Keulen. Mahnungen, Einladungen, werbende Liebe Gottes, Androhung des Gerichtes. Sie können das bei Jeremia nachlesen. Auf den König macht das keinen Eindruck. Eiskalt schneidet er Spalte für Spalte ab, verbrennt die Rolle im Feuer.

So kann man mit der Bibel umgehen. Da wir heute keine Kohlefeuerheizungen mehr in den Wohnungen haben, verbrennen wir die Bibel nicht mehr. Wir lassen sie über Jahrzehnte einfach im Schrank verstauben, ohne sie zu lesen. Das ist kalte Verachtung für Gottes Wort. Die mächtigen Schlüsselfiguren der Gesellschaft erleben das mit. Keiner macht das Maul auf. Leute mit gebrochenem Rückgrat. Keine Zivilcourage.

Ist das heute anders? Wenn der Chef sich gottlos verhält, kann man doch nichts sagen, oder? Es hat sich nicht viel geändert in unserer Welt.

Während diese schreckliche Szene passiert, redet Gott wieder zu Jeremia. »Nimm eine andere Rolle und schreibe!« Und dann muss noch einmal alles aufgeschrieben werden. Und noch mehr dazu. Dann wird diese neue Rolle sicher versteckt. An dieser Geschichte können Sie sehen, warum Gott will, dass es eine

Bibel gibt. Gott gibt es uns aus Liebe schriftlich. Es geht um eine lebenswichtige Nachricht. Darum ist die Bibel der Liebesbrief Gottes. Er möchte, dass wir es lesen und umkehren. Ja, die Bibel enthält eine unbequeme Botschaft. König Jojakim wollte sie nicht hören. Ihm passte sie nicht. Er verbrannte Gottes Wort und dachte, er wäre es los. Aber er täuschte sich.

Das ist bis heute so. Wundern Sie sich nicht! Die Bibel sagt viele Dinge, die uns wehtun. Beim Lesen der Bibel schauen wir in einen Spiegel. Wenn wir uns mit der Bibel beschäftigen, sehen wir plötzlich in die Tiefe unserer eigenen Gedanken und Motive. Wir sind zu allem fähig. Deshalb enthält die Bibel so viele Geschichten, die die schreckliche Wahrheit über unsere Welt und unser Leben darstellen. Gott mutet uns das zu, damit wir begreifen: Darum ist Rettung nötig. Es geht nicht nur um ein bisschen Verbesserung oder Dekoration. Gott selbst geht ans Kreuz und stirbt. Er trägt die Konsequenzen unseres Lebens, damit wir wieder aufatmen können. Damit wir nicht im Gericht Gottes zugrunde gehen. Das ist eine unbequeme Botschaft.

Wenn Sie die Bibel lesen, werden Sie viel Interessantes und Spannendes finden. Aber Sie werden garantiert an Passagen kommen, wo Sie sagen: »Das geht mir zu weit.« Dann stehen Sie vor der Entscheidung, die Bibel zuzumachen und wegzulegen oder sich zu öffnen. Sie müssen entscheiden, ob Sie Gott in Ihr Leben hineinreden lassen. Begreifen Sie bitte, dass er Ihnen die Wahrheit zumutet, weil er Sie so sehr liebt. Er redet Ihnen nicht feige nach dem Munde. Er legt den Finger auf den Ehebruch, die Habgier, die Betrügerei, den Geiz, die Sucht. Viele werden Ihnen sagen: »Das ist nicht so schlimm, wir sind alle nur Menschen.« Das sind nette Worte. Aber sie helfen nicht. Gott geht an die Wurzeln, an die Ursachen des Bösen wie ein guter Arzt. Das tut weh. Lassen Sie es zu. Ich bitte Sie. Lassen Sie das zu!

Interessant ist, dass die Mächtigen dieser Welt häufig die Bibel gefürchtet haben. Die Tyrannen haben sie verboten. In kommunistischen Systemen war es schwierig, Bibeln zu bekommen. – Ich habe in den letzten Wochen eine wunderbare Familie kennen gelernt. Sie ist aus Kasachstan nach Deutschland gekommen, Russlanddeutsche, wunderbare Menschen. Als wir um den Tisch saßen, erzählten sie von ihrem Großvater. Weil er keine Bibel hatte und weil ihm diese so kostbar war, hat er die ganze Bibel mit der Hand abgeschrieben hat, um sie immer wieder lesen zu können.

Heute können Sie die Bibel sehr leicht bekommen. Sie finden sie im Internet. Es gibt viele Bibelausgaben. Sie können sie zu jedem Preis, mit Bildern oder ohne Bilder haben. Sie können sie in Großdruck haben, sogar in Blindenschrift oder als Hörbibel. Jeder kann den Liebesbrief Gottes heute haben. Was für eine Chance ist das!

Ist die Bibel zuverlässig?

Sie sagen: »Ja gut, das ist alles toll. Aber ist denn die Bibel, dieses alte Buch, überhaupt zuverlässig? Ist sie zuverlässig überliefert?« Stellen Sie die Fragen! Die Bibel muss geprüft werden. Sie müssen wirklich bohrend nach der Wahrheit fragen.

1947 hat ein Beduine in den Höhlen von Qumran am Toten Meer zufällig Tonkrüge mit alten Handschriften gefunden. Er suchte eigentlich nur eine weggelaufene Ziege. Er wusste gar nicht, welche Kostbarkeit er gefunden hatte. Wissenschaftler haben die Handschriften mit den modernsten Methoden untersucht. Sie haben eine Rolle mit dem Text des Jesaja-Buches gefunden. Sie stammt aus dem zweiten Jahrhundert vor Christus. So eine alte Handschrift hat es vorher nie gegeben. Bei der

Überprüfung der Texte mit denen, die wir kennen, zeigte sich eine präzise Übereinstimmung. Kleine Abweichungen waren ohne inhaltliche Bedeutung. Keine einzige Schrift aus dem Altertum ist so genau überliefert wie die Bibel. Sie können getrost unter historischen Gesichtspunkten forschen. Allerdings ist die distanzierte wissenschaftliche Betrachtung so eine Sache. Sie bringt Ihrem Leben nichts, solange Sie nicht selber nachprüfen und sich persönlich vom Inhalt überzeugen.

Manchmal kommt mir die Bibel vor wie eine Straßenkarte. Man sieht bunte Linien und Flächen, Namen der Städte und Dörfer. Man kann sich danach richten. Aber durch Betrachtung der Straßenkarte allein kommt man nicht ans Ziel. Erst wenn man ins Auto einsteigt und nach dieser Karte fährt, findet man heraus, ob die Karte stimmt. Wenn Sie mit Hilfe der Straßenkarte ans Ziel kommen, haben Sie die Gewissheit, dass die Karte stimmt. So ähnlich ist das mit der Bibel. Jesus hat gesagt: »Wer meine Rede hört und tut sie, den vergleiche ich mit einem klugen Baumeister, der sein Haus auf solides Fundament baut.« (Matthäus 7,24) Hören, lesen und drüber diskutieren ist auch interessant und nötig. Aber Sie werden erst dann die Wahrheit und Kraft des Wortes Gottes erfahren, wenn Sie das, was Sie verstanden haben, tun.

In der Stadt Essen hat der frühere Bundespräsident der Bundesrepublik Deutschland, Dr. Gustav Heinemann, gelebt. Er war ein Mann, der mit der Bibel lebte. Als eine kritische Journalistin ihn eines Tages fragte, ob man als moderner Mensch denn eigentlich der Bibel noch glauben könnte, hat er auf seine präzise Art geantwortet: »Jeder, der die Bibel liest, wird etwas verstehen. Und wenn er es tut, wird Weiteres hell.«

Das ist das ganze Geheimnis. Lesen Sie die Bibel und tun Sie das, was Sie verstanden haben. Wenden Sie es in Ihrem Leben an und Sie werden die Kraft Gottes spüren. Ihr Weg wird hell.

Aber nun ist der Vergleich mit der Landkarte doch zu technisch. Die Bibel lässt uns das Herz Gottes erkennen. Sie ist der Liebesbrief Gottes. Und eine Liebeserklärung erwartet nicht eine distanzierte Diskussion. Wenn einer sagt: »Ich liebe dich«, dann sehnt er sich danach, dass der andere sagt: »Ich dich auch.«

Vielleicht kommt Ihnen das merkwürdig vor. Vielleicht haben Sie nie in dieser Weise über den christlichen Glauben nachgedacht. Für viele besteht der Glaube aus vielen Dogmen, die schwer zu verstehen sind, und aus Traditionen. Aber Liebeserklärung? Ich sage Ihnen: Ja, in Jesus hat Gott uns sein Herz gezeigt. Am Kreuz. Und die angenagelten Hände von Jesus sind die Hände Gottes, die uns umarmen wollen. »So sehr hat Gott die Welt geliebt, dass er seinen einzig geborenen Sohn dahingab, damit alle, die dem vertrauen, nicht verloren gehen, sondern das ewige Leben haben.« (Johannes 3,16) So steht es in der Heiligen Schrift. Das ist Gottes Liebeserklärung. Und ich bitte Sie, hören Sie dieses Wort. Hören Sie es heute und geben Sie ihm Ihre Antwort. Und dann nehmen Sie diesen Liebesbrief Gottes und fangen Sie an, ihn täglich zu lesen. Jeden Tag eine Viertelstunde.

Als ich als Junge in Essen anfing, Jesus Christus zu folgen, haben meine Freunde mir das Bibellesen beigebracht. Jeden Morgen 15 Minuten Zeit mit einem Abschnitt der Bibel. Das war für mich nicht einfach. Ich brauche bis heute einen ziemlich rabiaten Wecker. Es muss eine gute, regelmäßige Übung werden. Ich möchte keinen Tag in meinem Leben zulassen, in dem ich nicht mindestens diese Viertelstunde Zeit für Gottes Wort habe. Und wenn Sie sagen, sie hätten viel zu tun, dann sage ich Ihnen: Sie brauchen umso mehr zuerst die Stille mit Gott, um die Dynamik des lebendigen Gottes zu erfahren, auf sein Wort zu horchen, von dem es heißt, es ist lebendig und energisch und schärfer als ein zweischneidiges Schwert. Setzen Sie sich täglich dem aus. Sie werden merken, in Ihr Leben kommt dadurch eine neue Kraft hinein.

Zuerst aber geben Sie bitte Gott eine klare Antwort auf seine Liebeserklärung!

3. Unglaublich, wozu wir Menschen fähig sind!

Ja, es ist unglaublich, wozu wir Menschen fähig sind. Das gilt im Guten wie im Bösen. Ich habe die wunderbare Musik des französischen Duos Den-Isa noch im Ohr. Schon die französische Sprache klingt wie Musik. Ich habe daran gedacht, wie schön es ist, dass wir bei ProChrist international zusammenarbeiten können und dass die französischen Freunde so intensiv mit dabei sind. Das Miteinander der beiden Länder Frankreich und Deutschland zeigt, wozu Menschen fähig sind. Dass wir heute in einer so engen Freundschaft und Nachbarschaft leben, nach einer so schrecklichen blutigen Geschichte, das macht Hoffnung. Besonders in einer Zeit wie der unseren, in der man immer wieder fragt, wie die Feindseligkeiten in verschiedenen Teilen der Welt überwunden werden konnen.

Das Lied von Den-Isa sprach von unseren Zweifeln, von den verwundeten, aufgewühlten Seelen und der großen Sehnsucht nach Gott. »Geh ihm einen Schritt entgegen«, haben die beiden uns aufgefordert. Gott gibt Antwort. Das ist unsere Hoffnung.

Aber in diesen Tagen habe ich viele Leute gehört, die unsicher geworden sind, ob es von Gott wirklich Antworten gibt. Es reden so viele von Gott und von Krieg zugleich.

Und was ist mit Gott, wenn es Krieg gibt? Darf man sich auf Gott berufen, wenn es Krieg gibt? Niemand darf Gott für sich vereinnahmen, wenn er Krieg führt. Angesichts des Krieges können wir nur aus ganzem Herzen rufen: Kyrie eleison! Herr, erbarme dich!

Regierungsverantwortung in diesen Zeiten ist eine schwere Sache. In manchen Situationen geht es nicht mehr um die Wahl zwischen gut und böse, sondern oft nur noch um die Wahl zwischen böse und böser. Man wird schuldig, was auch immer man tut. In Deutschland haben wir von dem Christen Dietrich Bonhoeffer gelernt, wie schwierig solche Entscheidungen sind. Er wurde von den Nazis im KZ umgebracht. Er ist mit ganzer Hingabe Christus gefolgt. Und er hat sich entschieden, Teil des Widerstandes gegen Hitler zu werden und an den Attentatsplänen teilzunehmen. Er hat gewusst: Ich werde schuldig, was auch immer ich tue. Untätig zusehen oder aktiv mit Gewalt das Böse abzuwenden versuchen – wo werde ich schuldiger? Das ist ein Konflikt, der einen zerreißt. Man kommt nicht ohne Schuld davon. Und man muss doch verantwortlich handeln und eine Entscheidung treffen. Da kann man nur schreien: Kyrie eleison! Lassen Sie uns dafür beten, dass die, die Verantwortung tragen, sich ihrer Verantwortung bewusst sind und nicht aus selbstgefälliger Selbstgerechtigkeit handeln.

Genial!

Ja, wir Menschen können beides. Auf der einen Seite sind wir genial. Menschen beweisen wunderbare Fähigkeiten. In der Musik gibt es die Wunderkinder seit Mozarts Zeiten. Auch in den Naturwissenschaften finden wir geniale Leute. Im Sport bestaunen wir Superleistungen. Es gibt auch die Helden, die in Notzeiten einen unglaublichen Einsatz beweisen. In den Flutkatastrophen, wie Europa sie im letzten Jahr erlebt hat, konnten wir sie sehen. Plötzlich packen Menschen zu, geben das Äußerste, um einander zu helfen. Oder die vielen Menschen, die mit unglaublicher Liebe und Hingabe Kranke und Leidende pflegen. Sie machen leider keine Schlagzeilen. Aber sie sind wahre Helden. Es ist wunderbar zu sehen, wie Menschen fähig sind, ihre Grenzen zu überwinden, aber auch mutig und zuversichtlich mit ihren Grenzen zu leben.

Bestialisch!

Aber es gibt auch die negative Seite. Eva-Maria Admiral und Eric Wehrlin haben eine sehr tiefe Szene gespielt. Eine junge Frau leidet darunter, dass sie immer den Erwartungen des Vaters entsprochen hat und nicht ihre eigenen Begabungen leben konnte. In ihren Worten klingt der Schmerz nach: »Durften wir jemals so sein, wie wir wirklich sind? Haben wir je wirklich miteinander geredet? Von Herz zu Herz? Hat Vater je gesagt, dass er uns liebt? Dass er stolz auf uns ist?«

Es ist sicher die Geschichte eines Vaters, der nur das Beste für seine Tochter wollte. Er wollte verhindern, dass sie sich in irgendeine brotlose Kunst verliert. Die Tochter hat seinem Erwartungsdruck nachgegeben. Ohne dass wir uns dessen voll bewusst sind, üben wir Druck aus und zerbrechen das Leben anderer. Wir haben immer nur das Beste gewollt. Da fällt mir der alte Sponti-Spruch ein: »Sie wollen alle nur unser Bestes, aber wir geben es ihnen nicht.« Das ist zynisch. Aber wie weh tut das, wenn ein Mensch denkt, ich bin nie ich selber gewesen, und es ist nie zu einem Gespräch von Herz zu Herz gekommen. Da ist keine brutale Gewalt angewendet worden, aber trotzdem sind tiefe Verletzungen entstanden.

Aber es gibt auch die bestialischen Formen der Gewalt. Neulich brachten einige Zeitungen Berichte über den Prozess gegen einen 21-jährigen jungen Mann, der drei Frauen kaltblütig erschossen hat. Er bekam 5000 Euro Belohnung von seinem Freund, weil er ihm zu Gefallen die drei Frauen ermordet hat. Eiskalt, bestialisch. Die schrecklichen Selbstmordattentate verbreiten seit gut 20 Jahren ein Gefühl der Schutzlosigkeit und Angst in der Welt.

Wir lernen erst langsam das ganze Ausmaß des Elends kennen, das sexuelle Gewalt an Kindern anrichtet. Wir lernen es deshalb sehr langsam kennen, weil der Ort, an dem die Gewalt geschieht, in der Regel der beschützteste Ort ist, den es gibt, nämlich die Familie. Viele Menschen reden ihr Leben lang nicht darüber, was ihnen widerfahren ist und wie tief sie verletzt worden sind.

Das Internet bietet einerseits viele hilfreiche Möglichkeiten. Aber es transportiert andererseits auch auf brutalste Weise die schlimmsten Schweinereien und Menschen verachtenden Schmutz auf die Bildschirme. Die Fantasie wird versaut. Gier wird geweckt – mit all den Konsequenzen für unsere Seelen und Beziehungen. Die Liste der Scheußlichkeiten, zu denen wir Menschen fähig sind, ist viel zu lang.

Vor kurzem hat sich ein 19-jähriger Mann auf dem Wenzelsplatz in Prag mit Benzin übergossen und verbrannt. Und im Internet hat er einen Abschiedsbrief hinterlassen, in dem er den Grund für seinen Selbstmord angibt: Es sei Protest gegen die Duldung des Bösen in der Welt. Das ist so unendlich hilflos, so ohnmächtig.

Wie können wir mit dem Widerspruch fertig werden, dass wir fähig zu allem sind, zu brillantem, genialem, liebevoll menschlichem Verhalten, und dass wir auch zu Bestien werden, einander wehtun, das Leben zur Hölle machen können?

Ich will mit Ihnen die Bibel lesen. Alles, was ich als Versuch einer Antwort auf die schmerzenden Nöte und Fragen zu sagen habe, stammt aus diesem Buch, das Gott uns geschenkt hat und in dem er uns sein Herz öffnet. Wenn Sie die Bibel lesen, werden Sie vielleicht auch erschrecken. Das möchte ich Ihnen vorweg sagen, damit Sie vorbereitet sind. In der Bibel begegnen wir der ganzen Wahrheit über das menschliche Leben. Auch den schmutzigen, hässlichen, gewalttätigen Seiten des Menschenlebens. Wo Gottes Licht aufleuchtet, wird auch der Dreck ans Licht gezerrt. Die Bibel ist kein nettes Poesiealbum, sondern ein Buch über das Leben.

Der Fall Saulus

Lassen Sie mich ein Beispiel nennen. Die Bibel berichtet im Neuen Testament in der Apostelgeschichte von einem der klügsten Männer der Antike, dem jungen Professor Saulus. Zum ersten Mal taucht dieser Mann in der Berichterstattung über die Steinigung eines Christen auf. Es gab erst kurze Zeit eine Gemeinde von Christen in Jerusalem. Einige Wochen nach der Auferstehung von Jesus Christus wurde die Botschaft von ihm in Jerusalem öffentlich verkündet. Menschen wurden in ihren Gewissen getroffen und erkannten: Jesus Christus ist der Schlüssel zum Leben. In ihm begegnet uns Gott. Sie vertrauten ihm ihr Leben an und folgten ihm. Es bildete sich eine große Gemeinde. In wenigen Wochen waren es einige tausend Menschen in Jerusalem. Aber es gab auch Konflikte. Ein Christ namens Stephanus erregte dadurch Aufsehen, dass er in der Öffentlichkeit überzeugend darlegte, warum Jesus der Weg zu Gott ist. Religion ist Privatsache, sagt man, und im eigenen Stübchen kann jeder glauben, was er will. Aber man muss ja nicht die anderen damit belästigen, oder?

Stephanus konnte nicht anders, als öffentlich mit anderen Menschen über Jesus zu reden: »Gott ist Mensch geworden und in Jesus können wir ihn kennen lernen.« Der hebräische Name »Jesus« bedeutet übersetzt »Hilfe«. Was für ein Name! Jesus ist Gottes Hilfe in Person. Wenn das so ist, dann darf man das nicht verschweigen. Als Folge gibt es Auseinandersetzungen. Die Wogen gehen hoch. Plötzlich fliegen Steine. In einem Akt von Lynchjustiz wird Stephanus aus der Stadt getrieben und gesteinigt. Der junge Professor Saulus – klug, religiös, kultiviert, diszipliniert – stand dabei und diente den Männern, die ihre Übergewänder ablegten, um die Steine besser werfen zu können, als Garderobenständer. Wir lesen in diesem Bericht einen schlimmen Satz: »Saulus aber hatte Gefallen an seinem Tode.« (Apostelgeschichte 8,1) Intelligenz hat Menschen noch nie davor bewahrt, zu Bestien zu werden. Auch um ein KZ zu organisieren, muss man intelligent sein. Das ist furchtbar. Am schlimmsten wird es, wenn die Bestialität auch noch religiös motiviert ist. Davor haben wir die größte Angst in unserer Zeit.

Das war Professor Dr. Saulus. Im schlimmsten Sinne zu allem fähig. Und dann erleben wir diesen Mann eines Tages als jemanden, der in einer leidenschaftlichen Liebe den Menschen dient. Er redet offen davon, welche falschen Wege er gegangen ist. Er dient den Menschen, indem er ihnen die Liebe Gottes begreiflich macht. Was hat diesen Menschen im Innersten verwandelt?

Es war die Begegnung mit dem auferstandenen Jesus Christus. Der stoppt ihn auf der Straße vor Damaskus. Dort wollte er den Christen den Garaus machen. Jesus stellt sich ihm in den Weg: »Saul, warum verfolgst du mich?« Saul erschrickt und begreift: Jesus Christus lebt. Der Gekreuzigte, der für seine Feinde noch am Kreuz betete, ist die Liebe Gottes in Person. Und er ist der Sieger, er hat das letzte Wort. Nicht die Hasser, nicht die, die mit Gewalt durchsetzen, was sie für richtig halten. Jesus stirbt am Kreuz mit dem Ruf: »Es ist vollbracht.«

Saulus, der dann unter dem Namen Paulus bekannt wird, wird erfüllt von dieser Liebe Gottes vom Kreuz, dass er nur noch einen einzigen Wunsch hat: Ich möchte mein Leben im Dienst für die Menschen einsetzen. Getrieben von dieser Liebe zieht er durch die großen Städte Vorderasiens und dann Europas, um mit Leib und Leben zu bezeugen, wo die Quelle der Liebe in einer Welt des Hasses und der Gewalt ist. »Lasst euch versöhnen mit Gott«, sagt er. »Gott war in Christus und hat die Welt mit sich versöhnt. Wir sind Botschafter im Namen des Jesus Christus. Wir bitten euch, wir flehen euch an: Lasst euch versöhnen mit Gott!«

»Man muss es doch nicht übertreiben«, haben die Leute gesagt. Paulus hat geantwortet: »Die Liebe Christi drängt uns, wir können nicht anders.« Ja, wir können nicht anders. Das steckt hinter ProChrist, diese Leidenschaft der Liebe Gottes, die nicht will, dass Menschen vor die Hunde gehen.

Wer ist Jesus?

Kennen Sie diesen Jesus? Wenn man einen Regierungschef kennen lernen will, muss man seine Regierungserklärung hören und dann sehen, was daraus wird. Die Regierungserklärung von Jesus finden Sie im Matthäusevangelium im Neuen Testament, in der so genannten Bergpredigt (Matthäus 5-7). Dort spüren Sie die Kraft dieses Jesus, der das Leben verändert.

Er knüpft an bei dem, was wir für normales Verhalten und normales Leben halten. Er sagt: »Ihr habt gehört, was zu den Alten gesagt ist: Du sollst nicht töten. Ich aber sage euch, ...« Mit Vollmacht stellt er dagegen den eigentlichen Willen Gottes: Der Mord beginnt bereits in den bösen Gedanken und Worten, mit denen Menschen beschimpft und verächtlich gemacht werden.

Versöhne dich rechtzeitig, solange ihr noch miteinander unterwegs seid.

Jesus sagt: »Ihr habt gehört, dass gesagt ist: Du sollst die Ehe nicht brechen.« Heute sagen wir: Wir sind doch nicht prüde, wir leben doch nicht mehr im 19. Jahrhundert. Sex macht Spaß. Jesus sagt: »Wer eine Frau ansieht, ihrer zu begehren, der hat schon mit ihr die Ehe gebrochen.« Ehebruch ist wie eine Lawine, die in den Gedanken anfängt. Man versaut seine Fantasie mit Pornos und meint, Frauen seien wie Ware. Eigentlich sehnen wir uns nach Reinheit und Treue, nach einer Liebe, auf die Verlass ist. Auch wenn wir alt und krank werden. Das ist doch das Schönste, was es gibt. Wir hungern danach, dass unsere Liebes- und Vertrauensbeziehungen gelingen.

Jesus sagt: »Ihr habt gehört: Du sollst keinen falschen Eid schwören.« Schwören ist in der Welt der Lüge nötig, in der das einfache Wort keine bindende Kraft hat. Wir sagen: »Der Ehrliche ist der Dumme.« Steuererklärungen werden gefälscht. Der Erfolg rechtfertigt alles. Jesus sagt: »Eure Rede aber sei: Ja, ja; nein, nein. Was darüber ist, das ist vom Übel.« Eigentlich haben wir alle eine Sehnsucht nach Verlässlichkeit in unseren Herzen. Wir wünschen uns, dass wir dem Wort eines Menschen vertrauen können. Wir brauchen die frische Luft der Ehrlichkeit, um atmen zu können. Wir brauchen Vertrauen, um darauf verlässliche Beziehungen aufbauen zu können. Und nicht nur persönliche Beziehungen, sondern auch eine lebenswerte Gesellschaft. Eine Gesellschaft der Lügner und Diebe bietet kein Klima, in dem wir leben können.

Jesus sagt: »Ihr habt gehört, dass gesagt ist: Auge um Auge, Zahn um Zahn.« Das ist ein Mindestschutz gegen maßlose Rache. Aber eigentlich brauchen wir mehr. Jesus stellt dagegen sein »Ich aber sage euch, dass ihr nicht widerstehen sollt dem Übel, sondern: wenn dich jemand auf dein rechte Backe schlägt, dann biete ihm die andere auch dar ... Und wenn dich jemand nötigt eine Meile mitzugehen, so geh mit ihm zwei. Gib dem, der dich bittet, wende dich nicht ab von dem, der etwas von dir borgen will.« Wenn wir eine Mutter Teresa sehen, dann sind wir begeistert. In der Tatsache, dass wir solche Menschen bewundern, drückt sich das tiefe Verlangen nach Überwindung des kalten Egoismus und nach einer Kraft zur Hingabe aus.

Und dann kommt die Spitzenaussage von Jesus. »Ihr habt gehört, dass gesagt ist: Du sollst deinen Nächsten lieben und deinen Feind hassen. Ich aber sage euch: Liebt eure Feinde, segnet, die euch fluchen, tut wohl denen, die euch hassen, und bittet für die, die euch beleidigen und verfolgen.« »Denn wenn ihr liebt, die euch lieben, was werdet ihr für Lohn haben? Tun nicht dasselbe auch die Zöllner?« Das ist sehr realistisch. Wenn wir uns so verhalten wie die Mafia, wie soll sich die Welt ändern? Es ist billig, die zu lieben, die nett zu uns sind. Warum sollten wir uns anders verhalten? Jesus sagt: »Damit ihr Kinder seid eures Vaters im Himmel. Er lässt seine Sonne aufgehen über Böse und Gute, lässt regnen über Gerechte und Ungerechte ... Darum sollt ihr vollkommen sein, wie euer Vater im Himmel vollkommen ist.«

Was ist das für eine Lebensperspektive! Aber ich kann das doch nicht leben und ich habe das nicht gelebt! Jede dieser Aufforderungen von Jesus zeigt mir mein Versagen. Gegen meine Einwände setzt Jesus sein »Ich aber sage euch«. Wer ist Jesus, dass er so auftreten kann? Er ist der Einzige, der das gelebt hat. Mehr noch: Er hat mein Leben auf sich genommen und das Urteil Gottes über mich am Kreuz getragen. Ich habe verdient, was er erlitten hat: für meine Rücksichtslosigkeit, meine Habgier, meine Unwahrhaftigkeit, meine Menschenverachtung. Er zieht sich mein Leben an und stirbt dafür am Kreuz. Gott behandelt ihn so, wie ich es verdient habe. Er trägt mein Todesurteil. Das ist schrecklich und gnädig zugleich. Gott bestätigt Jesus und weckt ihn vom Tode auf. Damit gilt: Jesus ist der Lastenträger. Er ist der Sieger. Er ist der Brückenbauer. Er ist der Versöhner. Er ist der Schlüssel zum Leben.

Die heilende Kraft

Das beweist das Leben von Menschen. Ich möchte Ihnen von einer Frau erzählen, an deren Leben ich das abgelesen habe. Sie heißt Rose Warmer. Sie lebte die letzten Jahre ihres Lebens im Eben-Ezer-Altenheim in Haifa. Sie war ungarische Jüdin und wurde nach Auschwitz deportiert. In Essen gab es ein Außenlager von Auschwitz mit Frauen, die in der Krupp'schen Fabrik Zwangsarbeit leisten mussten. Viele von diesen Gefangenen haben das nicht überlebt. Rose Warmer ist auf wunderbare Weise mit dem Leben davongekommen. Sie ist nach dem Krieg nach Israel gegangen. Sie glaubte an Jesus als ihren Messias. Und sie hat in der Hölle des Lagers Jesus als ihren Messias bekannt und bezeugt. Sie war in einem hohen Alter, als ich sie kennen lernte. Sie kam nach 40 Jahren zurück in die Stadt Essen. Sie kam mit der Kraft der Vergebung, ohne Bitterkeit, ohne Hass, aber mit der strahlenden Liebe, die der gekreuzigte Jesus in ein Leben hineinlegt. Sie war eine aristokratische Person, geadelt von der ewigen Liebe Gottes. Sie hat uns die Hand gereicht und Vergebung geschenkt. Sie hat Jesus in dieser Stadt Essen bezeugt. Das war eines der größten Geschenke meines Lebens. Sogar in solchen extremen Situationen beweist sich die Kraft des gekreuzigten und auferstandenen Jesus.

Meinen Sie nicht, dass diese Kraft sich auch in Ihrem Leben beweisen kann? Sie bewegen in diesem Augenblick, während Sie das lesen, alles in Ihrem Herzen, was dagegen spricht. Die Verletzungen, die Bitterkeit und berechtigten Anklagen. Ich sage Ihnen: Es gibt eine Kraft, die heilt.

Heute wird viel von Werten geredet. Ja, wir brauchen Werte für unsere Gesellschaft. Aber es reicht nicht, dass wir Werte kennen. Wir brauchen die Kraft, dass wir nach diesen Werten leben können. Auch dann, wenn es nicht zu unserem Vorteil ist. Das ist das Problem. Werte gut finden, solange sie zugleich Vorteile bringen, das kann jeder. Aber für das Recht einstehen ist doch dann besonders wichtig, wenn es zu meinen Lasten geht und anderen Vorteile bringt. Wir reden von Recht und meinen unser eigenes Recht.

Ich höre die Leute sagen, man könne die Welt mit der Bergpredigt nicht regieren. Wir haben jetzt lang genug erlebt, wie die Welt aussieht, wenn man ohne die Bergpredigt lebt und regiert. Wie wäre es, wenn wir versuchten, wenigstens ein bisschen von den Worten des Jesus Christus in unser Leben, in unsere Familien, in unsere Wirtschaft und Politik hineinzunehmen? Ein paar Prozent von dieser Wahrheit in unserer Wirklichkeit wären doch schon mal was. Es könnten ein paar Leute mehr wieder aufrecht gehen und frei atmen.

Lassen Sie die Worte von Jesus für sich gelten!

Ich habe am Anfang die Theaterszene erwähnt, in der eine junge Frau anklagt. Sie durfte unter dem Druck des Vaters nicht ihr eigenes Leben entdecken und entwickeln. Am Ende dieser Theaterszene wird die Stimme Gottes hörbar: »Mein Kind, ich liebe dich. Du bist begabt und sehr schön und genau so, wie ich dich gewollt habe. Gemeinsam werden wir großartige Dinge tun. Du bist für mich sehr wertvoll!« Hören Sie diese Stimme Gottes auch für sich! Sie kommt vom Kreuz. Wenn Sie wissen wollen, dass Sie für Gott einen unendlichen Wert haben, dann blicken Sie auf das Kreuz des Jesus Christus. Da ist es bewiesen: »So sehr hat Gott die Welt geliebt, dass er seinen einzig geborenen Sohn gab, damit alle, die dem vertrauen, nicht verloren gehen, sondern ewiges Leben haben.« Öffnen Sie Ihr Leben für Jesus. Sagen Sie ihm, was falsch gelaufen ist. Wir sind nie nur Opfer, wir haben auch andere verletzt. Warten Sie nicht darauf, dass die anderen den ersten Schritt tun, sondern fangen Sie an und sagen Sie: »Herr, hier bin ich, ich bin schuldig geworden vor dir und an anderen Menschen. Ich bitte dich, vergib mir meine Schuld.«

Öffnen Sie Ihr Leben für die Liebe Gottes in Christus. Sie werden dann zweierlei erfahren: Jesus verbindet Sie mit dem Schöpfer, sodass die schöpferischen Kräfte Gottes in Ihr Leben kommen. Aber Sie werden nicht allein bleiben, sondern Gott fügt Sie sofort ein in eine Gemeinschaft von Menschen, die das gleiche Geschenk empfangen haben. Sie leben dann in einer Gemeinschaft wie die Körperteile in einem Körper. Die Glieder und Organe sind miteinander verbunden. So beschreibt es die Bibel. Sie sind ergänzungsfähig und ergänzungsbedürftig. Sie dürfen Ihre Begrenzungen annehmen. Sie können sich ohne Neid über das freuen, was andere haben. Und Sie dürfen Ihre Fähigkeiten in der Gemeinschaft mit Gott und mit seinen Geschöpfen entwickeln.

Sie werden fragen: »Herr, was kann ich tun mit dem Besitz, mit meiner Zeit, mit meinem Körper, mit meinem Verstand, mit meinen Emotionen, mit meinen musikalischen Talenten, mit meinen künstlerischen, mit meinen wissenschaftlichen Fähigkeiten? Was kann ich tun, um verantwortlich zu leben, dir und den Mitmenschen gerecht zu werden?« Lesen Sie die Bergpredigt, schärfen Sie Ihr Gewissen an dem, was Jesus sagt. Und denken Sie daran, wer das spricht: »Ich aber sage euch ...« Es ist der Gekreuzigte und der Auferstandene. Er ist mit dem Tod fertig geworden.

Ich muss eingestehen, dass ich zur Feindesliebe von mir aus nicht fähig bin. Aber bei der Feindesliebe geht es nicht um

Gefühle. Jesus sagt: »Tut Gutes denen, die euch hassen!« Ich sage: »Jesus, wenn du willst, dass ich das tun soll, dann schaffe in mir das Wunder, dass ich es tun kann.« Genau das will er. Deshalb ist es so wichtig, dass Sie nicht nur Werte begrüßen. Das wird nicht viel bringen. Öffnen Sie sich für die Gemeinschaft mit Jesus und seinen Leuten. Sie werden seine Kraft erleben. Wir brauchen Kraft zum Leben.

Deshalb rede ich von Jesus nicht wie von einem Religionsstifter aus alten Zeiten. Jesus Christus ist von Gott auferweckt worden. Er lebt. Er ist heute und hier gegenwärtig. Er wird auch das letzte Wort der Weltgeschichte sprechen. Er wird bestimmen, wann die Welt zum Ziel kommt. Dann werden wir alle vor ihm stehen. Er ist der Richter der Welt. Es macht doch Sinn, den, der das erste und das letzte Wort der Weltgeschichte spricht, auch heute das entscheidende Wort im Leben sagen zu lassen. Ich bitte Sie, öffnen Sie sich dafür.

4. Unglaublich,
ein Neuanfang ist möglich!

Vieles in unserem Leben fängt großartig an und endet in einer Katastrophe. Liebesbeziehungen zum Beispiel beginnen immer so, dass man alles an dem geliebten Menschen positiv sieht. Das ist eben so, wenn man verliebt ist. Die anderen warnen einen vielleicht. Sie sagen: »Pass mal auf! Ist der wirklich so?« Aber man sieht die Fehler nicht. Man sieht alles durch eine rosarote Brille. Und bei den Schwächen denkt man: »Das wird schon noch.« Man kann sich gar nicht vorstellen, dass die Eigenarten des anderen wirklich störend sein können. Es gibt einen schrecklichen Gegensatz zwischen diesem Traumgefühl und der hasserfüllten Distanz, die in den gleichen Beziehungen plötzlich entsteht. Plötzlich ist da nur noch Ablehnung. Wie kommt das eigentlich?

In den letzten zwei, drei Jahrzehnten wurde immer gesagt, die Verschiedenheit von Männern und Frauen sei im Grunde nur durch gesellschaftliche Rollenzwänge produziert. Eigentlich seien Männer und Frauen irgendwie gleich. Jetzt hört man völlig andere Töne. Die Bestseller-Titel heißen: »Männer kommen vom Mars, Frauen von der Venus.« – »Warum Männer nicht zuhören und Frauen schlecht einparken.« Frauen und Männer seien ganz verschieden. Das Chaos sei nur halbwegs zu verhindern, wenn man sich mit dieser totalen Unterschiedlichkeit von Mann und Frau irgendwie arrangiert. Wo liegt das Problem?

Ich las das Buch des Eheberaters Gary Chapman. Ich muss ehrlicherweise sagen: Ich habe es gelesen, weil meine Frau es gekauft hatte. Wir haben es uns in Englisch gegenseitig vorgelesen. Der Titel: »Die 5 Sprachen der Liebe«. Das Buch sollten Sie kennen, es ist wirklich kostbar.

Eine Schlüsselerkenntnis dieses Autors liegt in der Antwort auf die Frage: Was ist eigentlich unser Verständnis von Liebe? Liebe wird meistens als ein Gefühl verstanden, das schicksalhaft über uns kommt. Plötzlich steht man in Flammen. Irgendwann ist das Feuer niedergebrannt und die Realität holt einen ein. Man reibt sich aneinander. Plötzlich ist der Glanz weg und man fragt sich: Was habe ich da eigentlich vorher gesehen? Man hält es miteinander nicht mehr aus. Kleinigkeiten werden zum Anstoß und Ärgernis. Ich will die Schönheit dieses Liebesgefühls nicht schlecht machen, aber das ist nicht die wirkliche Liebe.

Um es provozierend zu sagen: Diesen Rausch des Verliebtseins haben wir Menschen mit den meisten Tieren gemeinsam. Das hängt mit Sexualität und Paarung zusammen. Der Zustand verliert sich nach einer gewissen Zeit. Man sagt, nach maximal zwei Jahren. Spätestens dann kommt die Entscheidung. Sie müsste eigentlich früher kommen. Denn Liebe, die dauerhaft sein und Bestand haben soll, ist kein schicksalhaftes Gefühl, das kommt und geht. Liebe ist eine Entscheidung, die wir treffen.

Jesus hat gesagt: »Liebt eure Feinde!« Wir fragen uns: Kann man Liebe überhaupt befehlen? Dazu noch Liebe für jemanden, der mir wehtut, der mich hasst, den ich fürchte? Wie soll ich den lieben können? Leute haben mir gesagt, diese Aufforderung verführe zur Heuchelei. Man könne doch nicht jemandem, den man ablehnt und der gegen einen ist, vorspielen, dass man ihn mag. Wie soll das gehen?

Aber Jesus spricht nicht von Gefühlen: »Aber ich sage euch, liebt eure Feinde. Tut wohl denen, die euch hassen. Segnet, die euch verfluchen, bittet für die, die euch beleidigen.« (Lukas 6,27-28) Jesus redet nicht von Gefühlen der Sympathie. Der stärkste Ausdruck der Liebe besteht darin, dass wir etwas Gutes für den anderen tun. »Bittet für die, die euch beleidigen!« Natürlich kann ich mich entschließen, für einen Feind zu beten: »Vater im Himmel, hilf diesem Menschen an diesem Tag in seinem Beruf und in seiner Familie, dass er zurechtkommt.« Ich kann das tun, obwohl er gegen mich ist, obwohl ich gefühlsmäßig Schwierigkeiten mit ihm habe.

Was Gott selbst durch Jesus für uns tut, ist ja auch nicht bloß ein Gefühl. »So sehr hat Gott die Welt geliebt, dass er seinen Sohn hingab, damit alle, die dem glauben, nicht verloren gehen.« (Johannes 3,16) Es geht nicht um ein Gefühl, sondern um das Opfer des Lebens zum Beweis der Liebe. Das ist auch unter Menschen so. Schöne Gedichte, Liebeslieder, Küsschen, Blumen sind wunderschön. Sie können Ausdruck echter Liebe sein. Aber der tiefste Beweis der Liebe besteht darin, dass ein Mensch sich für den anderen aus Liebe opfert.

Mutter und Vater stehen am Bett ihres kranken Kindes. Sie würden gern die Krankheit des Kindes selbst auf sich nehmen, wenn das nur ginge. Wenn nur das Kind gesund würde und nicht leiden müsste! Das ist Liebe. Das ist nicht das Rauschgefühl, das irgendwie kommt und geht und auf das man keinen Einfluss hat. Das ist die Entscheidung: Ich möchte für dich da sein. Ich gebe meine Zeit für dich. Ich möchte dich verstehen. Ich will bei dir bleiben, wenn es schwer wird. Das gilt für Eheleute, aber auch für die Beziehung von Eltern und Kindern und andere Beziehungen.

Eine lange Erfahrung als Eheberater hat Gary Chapman dazu geführt, ein paar Dinge zu formulieren, die ich für sehr hilfreich halte.

Die Liebe ist eine Entscheidung, in der ich sage: Ich will für dich da sein und zu dir stehen. Wie mache ich das, wenn die Gefühle des Verliebtseins verschwinden?

Jeder Mensch hat seine besondere Art, wie er Liebe spürt und anderen zeigt. Man macht ein schönes Geschenk oder nimmt jemanden in den Arm, sagt etwas Liebes. Man geht natürlich davon aus, dass der andere die Botschaft versteht. Man ist total frustriert, wenn das Zeichen der Liebe missachtet wird. Der Mann bringt einen schönen Blumenstrauß, aber die Frau kritisiert, dass er wieder so viel Geld ausgegeben hat. Die Botschaft ist nicht angekommen. Das Problem liegt darin, dass sie unterschiedliche Sprachen der Liebe sprechen. Jeder Mensch hat eine oder zwei Sprachen, mit denen er ausdrückt, wie er einen Menschen liebt und wie er Liebe am besten versteht. Gary Chapman hat die Verhaltensweisen von Menschen in fünf Gruppen eingeteilt. Er nennt sie die fünf Sprachen der Liebe. Jeder muss herausfinden, welches seine Sprache ist. Und dann muss man mit dem anderen darüber reden. Man muss lernen, was die Sprache der Liebe ist, die der oder die andere spricht und versteht.

Was sind diese Sprachen der Liebe?

Worte der Wertschätzung

Eine Sprache sind Worte der Wertschätzung. Ich liebe dich. Du hast ein schönes Kleid an. Das hast du großartig gemacht. Mancher Mann fragt etwas knurrig: »Muss man das denn dauernd wiederholen?« Ja, wenn jemand Worte der Wertschätzung als die Sprache der Liebe spricht und versteht. Es reicht nicht, dass ich das nur denke, es muss ausgesprochen werden. Sonst kommt es nicht an, sonst wird es nicht verstanden, sonst ist es kein Ausdruck der Liebe.

Zeit mit Aufmerksamkeit

Die zweite Sprache ist die Zeit zum Gespräch mit voller Aufmerksamkeit. Ich muss jetzt ein bisschen aus dem Nähkästchen plaudern. Die Peinlichkeit wird sich hoffentlich in Grenzen halten. Ich bin ein durchschnittlich genialer Mann. Napoleon konnte angeblich sieben Sachen zu gleicher Zeit. Ich schaffe drei bis vier. Also, wenn ich eine Zeitung lese, kann ich noch voll meiner Frau zuhören und über den Zeitungsrand noch einen Blick auf einen leise laufenden Fernseher werfen. Ich denke mir: Die Zeit ist knapp, das Leben ist kostbar, man muss schon mal mehrere Dinge zu gleicher Zeit tun. Meine Frau mag das gar nicht, wenn ich mich so verhalte. Wir haben manchmal wegen dieser Art »Genialität« und Oberflächlichkeit Ärger miteinander gehabt. Wir Männer lernen manches langsam. Unter Schmerzen habe ich gelernt, dass es so nicht geht. Die Sprache der Liebe meiner Frau ist, dass sie die volle Aufmerksamkeit erfährt, dass wir uns anschauen. Jetzt ist es meine Entscheidung, ob ich diese Sprache lernen will. Nun, ich will nicht sagen, dass ich sie schon fließend beherrsche. Ich muss noch besser werden.

Geschenke empfangen und Geschenke machen

Die dritte Sprache ist, Geschenke zu machen und Geschenke zu empfangen. Falls Sie gerne Geschenke machen, ist das Beschenktwerden vermutlich die Sprache, die Sie selber gut verstehen. Sie sehen ein Geschenk als Ausdruck der Wertschätzung an.

Dienste tun

Die vierte Sprache ist, Dienste zu tun und zu empfangen. Etwas ganz Praktisches für den anderen tun und sich gern gefallen lassen, dass jemand einen Dienst für einen tut.

Körperliche Berührung

Die fünfte Sprache ist die körperliche Berührung: in den Arm nehmen, einen Kuss geben, die Hand halten, den anderen also körperlich spüren lassen: Ich liebe dich.

Nun müssen wir herausfinden, welche Sprache – es können auch zwei sein – wir selber verstehen und sprechen. Wir müssen dann im Gespräch herausfinden, welche Sprache der Liebe die oder der andere spricht. Dann kommt die Entscheidung. Will ich die Sprache des anderen lernen?

Die Sprachen sind so verschieden wie Französisch und Tschechisch und Kroatisch und Polnisch und Deutsch. Aber man kann sie lernen und sich damit gegenseitig Liebe mitteilen.

Gary Chapman gebraucht einen technischen Vergleich. Jeder Mensch hat sozusagen einen Treibstofftank der Liebe. Wenn ein Mensch mich Liebe spüren lässt, dann wird der Treibstofftank bei mir gefüllt. Dann hat der Motor Treibstoff. Die Fahrt geht vorwärts – auch bergauf. Wenn der Tank leer ist, bleibt der Wagen stehen. Solange es eben ist oder bergab geht, rollt er vielleicht noch weiter. Aber wehe, es geht bergauf. Bergauf, das sind die Konfliktsituationen im Leben.

Ich will Ihnen ein Beispiel geben. Ich neige zur Ironie. Ich mache manchmal spitze Bemerkungen und kleine Witze auf Kosten der anderen. Meine Frau verkraftet das meistens ganz gut. Manchmal reagierte sie aber verletzt und traurig. Das war immer dann – ich sage jetzt mal so technisch –, wenn ihr Tank der Liebe leer war. Ich hatte ihr nicht meine Liebe in ihrer Sprache mitgeteilt. Wenn der Tank voll ist, dann können wir jede Menge Bergauffahrten verkraften. Dann bewältigen wir auch Spannungen und Probleme. Aber wenn der Tank leer ist, dann sind Kleinigkeiten manchmal der Anlass zum Konflikt.

Ich sage noch einmal: Was ich jetzt am Beispiel des Ehepaars erklärt habe, gilt auch für Eltern und Kinder, unter Freunden, gilt auch in anderen Beziehungen. Sie sagen vielleicht: »Das klingt zu einfach.« Dann machen Sie es komplizierter, wenn Sie erfolgreich sind. Vielleicht sagen Sie: »Das ist schön und gut. Aber ich habe keine Kraft mehr, neu anzufangen.« Das ist der entscheidende Punkt. Ich möchte Ihnen zeigen, woher wir die Kraft für einen Neuanfang bekommen können.

Wenn Jesus von der Liebe in ihrer tiefsten und stärksten Form spricht, dann meint er die Feindesliebe. Das ist sein Markenzeichen. Die zu lieben, die man sympathisch findet, das ist kein Kunststück. Das läuft, solange es läuft. Die Bewährungsprobe aber ist: Wie liebe ich einen Menschen, der mir auf den Geist geht, der mir wehtut, der gegen mich ist, den ich gerade nicht leiden kann?

Wir kommen in der Welt nicht weiter – weder im Kleinen noch im Großen –, wenn jeder nur seine Freunde liebt. Wer hilft uns, den Teufelskreis der Feindschaft zu durchbrechen? Jesus sagt: Liebt eure Feinde! Liebe ist eine verantwortliche Tat der Zuwendung, indem ich dem anderen Gutes tue. Interessanterweise sind unsere Gefühle wie die Waggons, die von der Lokomotive der liebevollen Tat gezogen werden. Die Tat verändert auch unsere Gefühle. Einen Menschen, für den ich bete, kann ich auf die Dauer nicht ablehnen.

Aber wie bekomme ich die Kraft zum Neuanfang? Wie kommt diese Kraft, dieser Einfluss von Jesus in mein Leben?

Unter den Einfluss Gottes kommen

Da gibt es eine interessante Geschichte in der Bibel. Sie finden Sie im Johannesevangelium, Kapitel 3. Ein führender Mann kam in der Nacht zu Jesus, weil er in Ruhe mit diesem Lehrer sprechen wollte. Er hieß Nikodemus und gehörte zur Regierung in Jerusalem. Er war ein gelehrter Mann. Jesus kommt sehr direkt zur Sache und auf das Problem, über das wir hier nachdenken. Er sagt: »Es sei denn, dass jemand von neuem geboren wird, sonst kann er nicht unter den Einfluss Gottes, unter die Herrschaft

Gottes, unter die Regie, unter die gestaltende Kraft Gottes kommen.« Wenn wir in den Einflussbereich Gottes kommen, erfahren wir seine Kraft, diese unendlich starke Liebe. Nikodemus schüttelt etwas peinlich berührt den Kopf und sagt: »Wie soll ich mir das vorstellen? Ich bin ein alter Mann. Soll ich nochmal in den Leib meiner Mutter kriechen? Was heißt hier von neuem geboren werden?« Jesus wiederholt das Ganze einfach. »Es sei denn, dass jemand von neuem geboren wird.« Und er fügt erklärend hinzu: »... durch Wasser und Geist.« Das Wasser steht bildlich dafür, dass einer gereinigt wird und alles Trennende und Zerstörende weggeschwemmt, vielleicht sogar ersäuft wird. Dann kommt Gottes schöpferischer Geist, der Geist der Liebe, als ein neuer Antrieb in unser Leben.

Das können wir nicht selber machen. Das können wir nicht lernen. Das kann nur Gott selber tun, sagt Jesus. Das ist wie eine neue Geburt. Die kann man ja auch nicht selber erzeugen. Die widerfährt mir. Wie sollte ich das Alte wegnehmen? Ich kann nichts ungeschehen machen von dem, was ich gelebt habe. Ich kann versuchen, es zu vergessen, aber damit wird ja nichts ungeschehen gemacht. Niemand von uns kann sein Gestern und Vorgestern und die Jahre davor ungeschehen machen. Man kann die Vergangenheit aufarbeiten, sich bewusst machen und versuchen, damit zu leben. Aber die Vergangenheit ungeschehen machen, das kann keiner. Nur Gott existiert ohne die Grenzen von Raum und Zeit. Er kann zugleich in Vergangenheit, Gegenwart und Zukunft unseres Lebens hineinwirken. Das ist sein Vorrecht.

Das Müllkreuz

Ich habe einen guten Freund, einen Künstler im Badischen, den Rainer Zilly. Der hat ein wunderbares Kreuz gestaltet. Es ist eine sehr gewagte Darstellung des Gekreuzigten. Auf zwei Holzbretter sind die Umrisse einer menschlichen Gestalt genagelt, aber zusammengesetzt aus lauter Wohlstandsmüll und Schrott. Da ist der ganze Krempel, der unseren Alltag ausmacht. Alles kaputt und verbogen. Zum Beispiel ist da eine Spritze – vielleicht als Zeichen von Sucht und Abhängigkeit. Der ganze Schrott ist ans Kreuz genagelt. Die Dornenkrone ist aus rostigem Stacheldraht. Darüber der Titel »INRI, Jesus Nazarenus Rex Judaeorum« – »Jesus von Nazareth, König der Juden«. Eine schockierende Darstellung. Das ist der Platz, an dem ich den ganzen Alltagsschrott, der mein Leben blockiert, abladen darf. In der Bibel heißt es einmal von Jesus, dass er für uns zur Sünde gemacht wurde. (2. Korinther 5,21) Der ganze Bruch, die Lieblosigkeit, die Rücksichtslosigkeit meines Lebens hat Jesus aufgenommen. Alles wird mit Jesus ans Kreuz genagelt und hingerichtet. Am Kreuz vollzieht sich das Gericht Gottes. Gott sagt Nein zu meiner Lieblosigkeit, zu meiner Lüge, zu meiner Habgier, meinem Egoismus. Und Jesus stirbt meinen Tod in der Gottverlassenheit. Jesus erleidet dieses Gericht stellvertretend, damit ich frei werden kann. Das bietet Jesus dem Nikodemus an.

Wenn dieser Kraftakt der Entsorgung geschehen ist, wird unser Leben für die Kraft des Geistes Gottes geöffnet. Voraussetzung ist, dass ich meine Schuld bekenne: Ich will nichts mehr beschönigen. Ich will aufhören, die anderen zu beschuldigen. Ich will mich nicht mehr mit dem Versagen der anderen selber rechtfertigen. Ich will den Teufelskreis durchbrechen. Ich will um Vergebung meiner Sünden bitten. Jesus lädt dazu ein: »Kommt her zu mir alle, die ihr müde und beladen seid, ich will euch Ruhe geben.« (Matthäus 11,28)

Jesus will nicht nur aufräumen und entsorgen, damit wir jetzt bei Null anfangen können. Er will sich jetzt selber in unser Leben investieren. Durch Wasser und Geist, sagt er. Wasser steht für die Reinigung durch Vergebung der Sünden. Der Geist ist nicht unser guter Vorsatz, nicht unser Geist, sondern Gottes Geist. Es der Geist der brennenden Liebe Gottes, die Kraft seiner Liebe. Die Bibel sagt, dass der Geist Gottes als erste Frucht in jedem Leben die Liebe wachsen lässt. Bitte, nehmen Sie das an!

Das Leben lernen

Bedenken Sie bitte: Das Leben wird zuerst geschenkt und dann wird es gelernt. Sie werden geboren, das können Sie nicht lernen, das können Sie nicht machen. Das widerfährt Ihnen. Hineinzukommen in den Einflussbereich der Liebe Gottes – das kann keiner lernen. Man wird nicht zum Christen erzogen. Das ist eine der großen Täuschungen des christlichen Abendlandes. Seien Sie dankbar, wenn Sie Eltern gehabt haben, die Ihnen Christus wichtig gemacht haben. Das ist ein Riesenkapital für Ihr Leben. Aber Sie brauchen das Geschenk der Vergebung der Sünden und des neuen Lebens, sonst können Sie nicht im Einflussbereich Gottes leben.

Es ist ein paar Jahren her, da habe ich bei einer Veranstaltung eine wunderbare Geschichte erlebt. Am Schluss der Veranstaltung gab es wie bei ProChrist eine Einladung, zu einem Treffpunkt zu kommen und mit einem Gebet das Geschenk der Vergebung anzunehmen. Ein Mann und eine Frau kamen. Sie wussten nicht voneinander, dass sie in der Versammlung waren. Sie waren zwar verheiratet. Aber sie waren schon beim Scheidungsrichter gewesen. Der Prozess lief schon. Die Trennung war nur noch eine Formsache. Beide waren unabhängig voneinander über Bekannte in diese Veranstaltung eingeladen worden. Da hörten sie die Botschaft von Jesus. Ihre wunden Seelen sogen diese Nachricht auf wie trockene Schwämme. Beide entschlossen sich, das Angebot anzunehmen. Sie haben nicht mehr damit gerechnet, dass ihre Ehe gerettet werden könnte. Beide haben aber kapiert: »Ich muss endlich unter den Einfluss Gottes kommen, sonst geht mein Leben kaputt.« Sie erkannten das jeweils für sich. Die wunderbare Folge dieses Schrittes war, dass dieses Ehepaar wieder zueinander fand. An diesem Abend begann ein Prozess der Versöhnung und der Heilung der Beziehung.

Sehen Sie, das Geschenk ist das eine, aber dann lernen wir das Leben. Es ist wie im natürlichen Leben. Wir lernen langsam sprechen. Wir lernen gehen, das dauert. Wir lernen mit Messer und Gabel essen, das dauert. Das kann man nicht einfach so. Und Lernen ist ein zum Teil langwieriger, mühseliger Prozess des Versuchens, des Übens, des Versagens und des Neuanfangens. Aber die Voraussetzung dafür, dass man überhaupt das Leben lernen kann, ist, dass man es geschenkt bekommen hat.

So ist es mit dem neuen Leben, das Jesus Christus uns schenken möchte. Gute Vorsätze reichen nicht aus. Nehmen Sie das Geschenk Gottes an. Lassen Sie die Kraft Gottes in Ihr Leben hinein. Aber wenn Sie es annehmen, dann sollen Sie auch wissen, dass jetzt ein Prozess des Lernens beginnt. Übrigens: die Leute, die Jesus nachgefolgt sind, nennt man Jünger. Das heißt im Griechischen eigentlich Schüler. Wer die Verbindung mit Jesus eingeht, der geht bei ihm in die Lehre. Er lernt mit Jesus zu leben. Er fängt an, die Bibel zu lesen. Er braucht die Unterstützung durch andere. Er fällt auf die Nase. Er kommt wieder auf die Beine. Es ist ein Lernprozess. Am Anfang aber steht immer die Annahme des Geschenkes der Vergebung und des Geistes Gottes. Am Anfang steht das Geschenk des Lebens.

5. Unglaublich, was Menschen alles glauben!

Wir haben einen glanzvollen Abend mit temperamentvollen Gospels und mit interessanten Interviews mit brasilianischen Profi-Fußballern aus der Bundesliga erlebt. Zugleich wird die Welt vom Ausbruch des Krieges im Irak erschüttert. Darf man mitten in einer Zeit des Krieges, der Angst, des Leidens einen so fröhlichen Abend feiern? Ich will versuchen, das zu erklären.

Es ist fünf nach zwölf

Ich habe einen sehr guten Freund in Südafrika: Caesar Molebatsi. Wir kennen uns seit über 20 Jahren. Er stammt aus Soweto. Er hat dort eine große Jugendarbeit in den schwierigsten Zeiten der Apartheid aufgebaut. Ich werde nie den Abend in einer Universität in Deutschland vergessen. Es gab eine Diskussion über die Frage, wie das Unrecht der Apartheid beseitigt werden könnte. Ein Student sagte, es sei doch jetzt schon fünf Minuten vor zwölf, man müsse nun ganz und gar auf Gewalt setzen. Caesar Molebatsi war ein Kämpfer gegen die Apartheid, aber er setzte auf Gewaltlosigkeit. Er war überzeugt, dass die Kraft des Jesus Christus, die er überraschend auch in seinem eigenen Leben kennen gelernt hatte, die wirklich revolutionäre Kraft ist. Er wollte sich vom Gegner nicht das Gesetz des Handelns aufzwingen lassen. Er wollte den Teufelskreis von Hass und Vergeltung durchbrechen. Aber in dieser Diskussion schlug ihm die Skepsis der deutschen

Studenten entgegen. Seine Antwort werde ich nie vergessen: »Meine Freunde, es ist nicht fünf Minuten vor zwölf, es ist fünf nach zwölf. Menschlich gesprochen sind alle Chancen verpasst. Aber fünf nach zwölf, das ist der Beginn eines neuen Tages. Die dunkelsten Stunden liegen noch vor uns, aber der neue Tag hat begonnen. Ich glaube, dass Jesus Christus auferstanden ist. Das ist der Anbruch eines neuen Tages der Welt. Der Tod ist besiegt, die Macht der Finsternis hat nicht mehr das letzte Wort. Es mag sein, dass wir noch durch große Nöte und Dunkelheiten müssen, aber wir wissen, das helle Licht kommt.«

Von dieser Wirklichkeit lassen wir uns auch heute bestimmen. Wir feiern den, der das erste Wort der Weltgeschichte gesprochen hat als der Schöpfer, und der das letzte Wort der Weltgeschichte sprechen wird als der Richter. Jesus Christus ist aus dem Tode auferstanden. Deshalb singen wir. Wir singen, auch mit Tränen in den Augen.

Viele Menschen weinen. Sie trauern um liebe Menschen, die gestorben sind. Viele quälen sich mit Sorgen, weil sie keinen Arbeitsplatz mehr haben. Terror und Krieg ängstigen unsere Herzen. Ihnen allen sage ich: Es ist fünf nach zwölf. Die dunkelsten Stunden mögen noch vor uns liegen, aber der neue Tag hat begonnen, seitdem Jesus aus dem Grab auferstanden ist. Und deshalb rede ich mit Ihnen über die Botschaft, die angesichts von Krieg und Terror, Angst und Leiden nicht verstummen muss: »So sehr hat Gott die Welt geliebt, dass er seinen einzigen Sohn gab, damit alle, die sich ihm anvertrauen, nicht verloren gehen, sondern das ewige Leben haben.« Diese Liebe ist die einzige Liebe im Universum, die stärker ist als der Tod. Wir Menschen können von Herzen lieben. Aber der Schwachpunkt unserer Liebe ist, dass wir vor dem Tod kapitulieren müssen. Die Liebe des gekreuzigten Jesus, den Gott aus dem Tod auferweckt hat, ist stärker. Er reicht uns die Hand. Er nimmt uns in die Arme.

Darum kann Paulus schreiben: »Wer will uns scheiden von der Liebe des Christus? ... Ich bin gewiss, dass weder Tod noch Leben, weder Engel noch Mächte noch Gewalten, weder Gegenwärtiges noch Zukünftiges, weder Hohes noch Tiefes noch eine andere Kreatur uns scheiden kann von der Liebe Gottes, die in Jesus Christus ist, unserem Herrn.« (Römer 8,35.38-39) Das ist das Geheimnis des Lebens. Deshalb feiern wir einen solchen Abend auch in schwerer Zeit.

Viele sind in dieser Zeit skeptisch geworden, weil der Glaube an Gott auf allen Seiten der Kriegsparteien bemüht wird. Sie sagen sich: »Da stimmt doch was nicht. Das kann doch so nicht gehen.« Sie ziehen die Konsequenz und wollen gar nichts mit Gott zu tun haben. Das ist in gewisser Weise verständlich. Aber ich muss Ihnen sagen: Das geht nicht. Sie meinen, wieso? Man könnte auch Atheist sein? Ich sage Ihnen, Sie täuschen sich. Jeder hat seinen Gott. Ich will erklären, was ich meine.

Jeder hat seinen Gott

Wir sind ganz verschiedene Menschen, aber eins haben wir alle miteinander gemeinsam: Jeder Mensch hat ein Grundbedürfnis nach Sicherheit und nach Anerkennung. Am liebsten möchten wir erfahren, dass wir geliebt sind. Wir möchten spüren, dass wir wertvoll sind. Das brauchen wir wirklich zum Leben. Wir können auf vieles verzichten, aber Sicherheit und Anerkennung sind Grundnahrungsmittel des Lebens. Und jeder bemüht sich, sie irgendwoher zu bekommen. Ohne sie können wir nicht leben.

Und die Quelle, aus der wir Sicherheit und Anerkennung beziehen, ist für uns Gott. Gott, das ist die Instanz, die uns Sicherheit und Anerkennung gibt. Ich weiß natürlich, dass viele Menschen die Befriedigung dieser Grundbedürfnisse nicht von dem Gott erwarten, der sich uns in Jesus gezeigt hat. Aber denken Sie nicht, dass Sie deshalb keinen Gott haben. Sie suchen sich dann einen Ersatz dafür.

Der Gott, dem wir am allermeisten vertrauen, ist das Geld. Geld verspricht uns scheinbar am überzeugendsten, dass es Sicherheit und Anerkennung gibt. Geld ist nicht nur ein Zahlungsmittel. Geld ist eine Gottheit. Darum hat Jesus in seiner Bergpredigt gesagt: »Ihr könnt nicht Gott dienen und dem Geld, dem Mammon.« (Matthäus 6,24) »Haste was, dann biste was.« Geld garantiert Anerkennung. Und wenn man etwas Geld hat, am besten sogar etwas mehr, dann kann man sein Leben besser sichern. Wer wollte das bestreiten? Daher kommt es, dass die Alternative zum Vertrauen auf Gott, den Schöpfer, nicht unbedingt eine andere religiöse Anschauung ist, sondern das Geld. Die Folge ist zwangsläufig, dass wir selbst und das ganze Leben zu Ware werden.

Es gibt noch andere Götter, die Sicherheit und Anerkennung versprechen. In Europa spielen heute Horoskope, Wahrsagerei, Amulette, Spiritismus und Magie eine sehr große Rolle. Das Internet ist voller Angebote. Menschen müssen irgendwie ihre Lebensangst bewältigen. Damit machen Wahrsagerinnen und Wahrsager ihre Geschäfte. Sie versprechen, dass man das Leben sicherer planen kann, wenn man die Zukunft kennt. Das hört sich ganz vernünftig an. Amulette sollen vor Unfall und Unglück schützen. Wir wollen nichts anderes als unsere Sicherheit. Aber wir begeben uns in Einflussbereiche, die uns fesseln und versklaven.

Jesus hat schroff und unverblümt gesagt: »Ihr habt den Teufel zum Vater, und nach eures Vaters Gelüst wollt ihr tun. Der Teufel ist ein Mörder von Anfang an, und er steht nicht in der Wahrheit; denn die Wahrheit ist nicht in ihm. Wenn er Lügen redet, so spricht er aus dem Eigenen; denn er ist ein Lügner und der Vater der Lüge.« (Johannes 8,44)

Das Angebot des Okkultismus, das ist das Angebot des Dämonischen und des Satans, ist immer Lüge. Es kommt positiv. Zum Beispiel als Angebot der Heilung: »Geh zum Besprecher! Hilft es nichts, dann schadet es nichts«, heißt es. Oder die Wahrsagerin macht das Angebot, das Leben zu sichern und zu planen. Der Satanismus sagt, dass es nur ein Gebot gibt: »Tu, was du willst! Dann wirst du glücklich. Nimm keine Rücksicht auf das, was andere dir vorschreiben wollen. Glücklich wirst du nur, wenn du deine Wünsche radikal auslebst, auch sexuell und mit Gewalt.« Aber was Sie erleben werden, ist Sklaverei und Angst. Satan will uns kaputtmachen. Der Feind Gottes hat nur ein strategisches Ziel: Er will uns von Gott, unserem Schöpfer trennen. Er benutzt viele Masken. Er kommt mit dem Anschein der Vernunft und der Hilfsbereitschaft. Aber sein einziges Ziel ist es, eine unüberwindliche Mauer zwischen uns und Gott zu bauen. Dann erstickt das Verlangen zu beten. Für die Bibel hat man nur noch Spott und Hohn. Das Gewissen wird hart. Wir gehen in der Gottesferne zugrunde. Der Teufel ist ein Lügner von Anfang an und ein Mörder.

Es gibt kein Vakuum, es gibt keinen leeren Raum im Leben. Wir brauchen Sicherheit und Anerkennung. Wenn Sie den lebendigen Gott, der Sie geschaffen hat und liebt, ablehnen, müssen Sie anderen Göttern dienen. Es gibt keine Neutralität. Manche sind töricht genug, sich selbst weiszumachen, dass sie sich selbst bestimmen. Sie denken nicht darüber nach, wer sie bestimmt, welchen Mächten sie gehorchen. Wir suchen unsere Selbstbestimmung und verenden in erniedrigenden Gefangenschaften.

Wer ist Ihr Gott?

Gott ist da

Es gibt noch einen zweiten Grund, warum wir nicht ohne Gott leben können. Der Grund heißt: Gott ist da. Ob es mir passt oder nicht. Glauben Sie bitte nicht, dass Gott nur existiert, wenn Sie an ihn glauben.

Am Beginn der Geschichte des christlichen Glaubens in Europa steht jene berühmte Szene im Zentrum von Athen. (Apostelgeschichte 17,16-34) Paulus erklärt vor den führenden Intellektuellen auf dem Areopag Gottes Angebot in Jesus Christus. Er argumentiert, dass es keinen Sinn macht, die eigenen Produkte zum Gott zu erklären und anzubeten. Das kann eigentlich jeder mit ein bisschen gesundem Menschenverstand kapieren. Gott hat die Welt geschaffen. Er geht nicht auf in den sichtbaren Dingen. Uns Menschen hat Gott als seine Gegenüber geschaffen. Wir erleben Grenzen. In den Grenzerfahrungen lernen wir, Fragen zu stellen und Gott zu suchen. Das drückt sich in den Religionen aus. Paulus sagt: »Wirklich, Gott ist nicht ferne von einem jeden unter uns. In ihm leben, existieren und sind wir.« Das heißt, die Wirklichkeit Gottes durchdringt uns, sie ist unentrinnbar. Wir müssen suchen und fragen, aber wir können uns nicht selber die Antworten geben.

Dann fährt Paulus fort: »Zwar hat Gott über die Zeit der Unwissenheit hinweggesehen; nun aber gebietet er den Menschen, dass alle überall umkehren. Denn er hat einen Tag festgesetzt, an dem er den Erdkreis richten will mit Gerechtigkeit durch einen Mann, den er dazu bestimmt hat, und hat allen den Glauben angeboten, indem er ihn (Jesus) von den Toten auferweckt hat.«

Die Zeit des Suchens, des Stocherns im Nebel ist vorbei. Gott hat sich in Jesus zu erkennen gegeben. Er hat Jesus durch die Auferweckung zur Zentralfigur gemacht. An ihm dürfen wir unser Leben festmachen. Das heißt glauben. Wir dürfen sagen:

»Jesus, du sollst der Herr meines Leben sein, ich will dir vertrauen. Mit dir will ich reden, mein Leben will ich dir geben.«

Das ist die Einladung. Der ewige Gott, der zu groß ist, als dass wir ihn mit unserem Hirn erfassen könnten, wird Mensch. Er kommt auf unser Niveau. Er bietet sich uns an, dass wir bei ihm unser Leben festmachen können. Seine Liebe ist stärker als der Tod. Die Auferweckung des Jesus Christus, so sagt Paulus dort in Athen, ist das Schlüsselereignis. Gott hat Jesus aus dem Tod auferweckt. Und er macht jetzt ein Angebot zur soliden Befestigung unseres Lebens an dem Einen, den der Tod nicht mehr niederzwingen kann.

Dadurch kommt in unser Leben totale Sicherheit und ein starkes Selbstwertgefühl. Ich bin geliebt. Der ewige Gott hat für mich das größte Opfer gebracht, um mir zu zeigen, wie kostbar ich ihm bin. Ich bin wer. Wir werden innerlich stark, wenn wir uns dem öffnen. Das ist zum Staunen. Ist das nicht anmaßend? Darf ich mich so wichtig nehmen? Ich bin doch nur ein Staubkörnchen, nur einer von sechs Milliarden Menschen. Ja, Sie dürfen sich so wichtig nehmen. Gott nimmt dich so wichtig, Gott nimmt Sie so wichtig. Das hat er am Kreuz bewiesen.

Darum lädt Gott ein: Kehr um! Es ist immer eine Umkehr, wenn ein Mensch sich abwendet von dem Wahn, der Illusion und der Besserwisserei, selbst der Chef zu sein oder durch Geld oder okkulte Machenschaften Sicherheit und Anerkennung zu bekommen. Die Umkehr ist manchmal ein schwerer Prozess. Wir müssen einen Bruch mit der bisherigen Lebensweise vollziehen, wenn wir in die Arme des Vaters laufen. Dort aber spüren wir: Hier bin ich gut aufgehoben. Hier sagt einer Ja zu mir. Diese Arme tragen mich, ohne mich zu erdrücken. Diese Hände behüten mich, ohne mich zu zwingen. Ich wünschte mir so sehr, dass Sie sich aufmachen und sagen: »Ich will mein Vertrauen ganz auf Jesus setzen.«

Es ist unglaublich, was Menschen alles glauben. Wenn wir doch mehr an dem scheinbar Selbstverständlichen zweifeln könnten! Warum hinterfragen wir nicht radikaler, worauf wir uns verlassen? Stellen Sie die Fragen nicht erst dann, wenn plötzlich die Krise kommt, die Gesundheit dahin, der Arbeitsplatz weg ist und das Fundament ihres Leben zerbricht. Warten Sie doch nicht erst die Katastrophen ab, bis Sie anfangen zu fragen, ob das, was Sie trägt, wirklich hält. Stellen Sie in guten, starken, gesunden Zeiten, stellen Sie heute diese Frage. Und dann prüfen Sie, wer wirklich trägt. Machen Sie Ihr Leben bei Jesus fest.

Zerrbilder

Unglaublich ist auch, was Menschen für verzerrte Vorstellungen vom Christ-Werden und vom Christ-Sein haben.

In einer grotesken Theaterszene »Der Tag X« wird ein Mann dargestellt, der in seinem Kalender einen Tag X markiert hat. Er lebt auf diesen Tag zu, als wäre dann das Ende aller Freude und Lebenslust gekommen. Er genießt noch einmal Spaß und Vergnügen. Seine Frau und seine Sekretärin vermuten, er hätte vom Arzt die Diagnose einer tödlichen Krankheit mitgeteilt bekommen. Die Panik bricht aus. Schließlich stellt sich heraus: Am Tag X will er sich entscheiden, Christ zu werden. Die Szene stellt in bizarrer Weise da, welches grässliche Bild viele vom Christ-Sein haben.

Es ist unglaublich, es ist wirklich unglaublich. Wie kommt eigentlich dieses Zerrbild vom Christ-Sein in manche Köpfe? Vermutlich stecken dahinter die gesammelten schlechten Erfahrungen mit mehr als fragwürdigen Formen des Christentums. Vielleicht ist es die Macht des Vorurteils, weil viele nie Informationen aus erster Hand über Jesus bekommen haben.

Es wird höchste Zeit, dass Sie sich wieder mal Informationen aus der Bibel gönnen und Ihre Informationen auf den aktuellen Stand bringen. Dann können Sie Ihre Entscheidungen auf soliden Grundlagen fällen.

Das Fest des Lebens

Jesus hat eine der schönsten Geschichten erzählt, das Gleichnis vom barmherzigen Vater und dem verlorenen Sohn. Er lief vom Vaterhaus weg und verpulverte alles, was er hatte. Besserwisserisch wollte er mit dem Vater und mit der Familie nichts mehr zu tun haben. Er suchte die totale Freiheit und er endete in erniedrigenden Abhängigkeiten. Schließlich erinnert er sich an die Zustände im Haus des Vaters und kehrt um. Er bekennt: »Vater, ich habe alles falsch gemacht, ich habe gesündigt. Ich bin nicht mehr wert, dein Sohn zu sein ...« Er kann nicht alles sagen, was er sich vorgenommen hat, weil der Vater ihn in die Arme schließt. Der Vater macht ihm keine Vorwürfe, sondern küsst ihn ins dreckige Gesicht.

Wir lesen in Lukas 15: »Aber der Vater sprach zu seinen Knechten: Bringt schnell das beste Gewand her, zieht es ihm an, gebt ihm einen Ring an seine Hand.« – Sie müssen wissen, das kostbare Gewand und der Ring sind Zeichen des Sohnes in einer Königsfamilie. Er soll wieder mit allen Rechten der Sohn des Vaters sein. Dann sagt der Vater weiter: »... und bringt das gemästete Kalb und schlachtet's. Lasst uns essen und fröhlich sein. Denn dieser mein Sohn war tot und ist wieder lebendig geworden; er war verloren und ist gefunden worden.«

Und dann steht da ein Satz, den ich so liebe, weil er für mich die beste Beschreibung des Lebens mit Jesus Christus ist: »Und sie fingen an, fröhlich zu sein.« Es beginnt das Fest des Lebens.

Ich will Ihnen erklären, warum dieses Fest gefeiert wird und wie das zusammenhängt mit den schwierigen Fragen, die jeder für sich in seinem Leben zu lösen hat.

Wir alle brauchen Sicherheit und Anerkennung. Was hat der Heimkehrer beim Vater gewonnen? Als Erstes spürte er das Gefühl der Zugehörigkeit. Ich bin gewollt. Ich gehöre dazu. Ich bin geliebt. Ich bin wieder wer. Hier hat er Sicherheit und Anerkennung. Was würden viele Menschen dafür geben, um diese Gewissheit zu haben? Hier ist sie zu finden. Gott hat sich darauf festnageln lassen, dass er uns so sehr liebt. Die Vaterarme sind offen. Das ist das Erste und Wichtigste: Zugehörigkeit zu Gott heißt Sicherheit und Anerkennung.

Aber auch die große Frage nach dem Sinn des Lebens ist plötzlich beantwortet. In dem Augenblick, in dem Sie spüren, ich bin geliebt, wissen Sie auch: mein Leben macht Sinn. Es hat Ewigkeitsbedeutung. Es ist nicht einfach zufällig.

Da fingen sie an, fröhlich zu sein. Jetzt können sie das Leben genießen. Das ist eine Kunst. Ich will Ihnen einen Tipp geben, wie man das Leben genießen kann. Das Schlüsselwort heißt Dankbarkeit. Wenn ich mir eine Uhr kaufe, dann hat die in sich einen Wert, der mit Geld zu bemessen ist. Wenn ich eine Uhr von einem geliebten Menschen geschenkt bekomme, dann hat dieses Ding nicht nur den Geldwert. Es hat die strahlende Schönheit des Geschenkes. Voll Dankbarkeit denke ich an den Menschen, den ich wertschätze und der mich liebt und von dem ich das Geschenk bekommen habe. Selbst eine Kleinigkeit wird so unendlich kostbar.

Das ist das Geheimnis der Lebensfreude. Viele Menschen in Europa sind reich und trotzdem unzufrieden. Warum? Sie haben alles. Aber die Dinge können nicht befriedigen. Wenn man sie hat, wird man sie leid und braucht was Neues. Das ist ein Fass ohne Boden. Wenn ich die kleinen und großen Schönheiten des

Lebens – von der Tasse Kaffee über den Sonnenschein und das gute Gespräch – als ein Geschenk Gottes ansehen kann, bekommt alles einen zusätzlichen Glanz. Er liebt mich. Er zeigt mir dadurch, wie wichtig und wertvoll ich ihm bin. Ach versnobte Unzufriedenheit der Wohlstandsbürger, die in ihrem Reichtum ersticken! Sie wissen nichts von der Lebensfreude, weil sie nicht von Herzen dankbar sein können. Sie kennen nicht den Vater, dem sie danken können.

Unser Leben darf neu werden, wenn wir in die Arme des Vaters kommen. Die Arme des gekreuzigten Jesus sind die ausgebreiteten Arme des Vaters, der uns zu Hause empfängt. Cynthia Nunn aus Chicago hat vor dieser Rede das Lied gesungen »God is my Day Spring« – Gott ist mein neuer Morgen. Wenn Sie zu diesem Kreuz von Jesus kommen, Ihre Sünde bekennen und ihm Ihr Leben öffnen, beginnt der neue Morgen Ihres Lebens. Es ist möglich, dass noch dunkle Stunden kommen. Aber der neue Tag hat schon begonnen. Jesus ist auferstanden und ruft Sie.

6. Unglaublich, Gott geht zu Boden!

Ich bin häufig gefragt worden, was dieses Thema »Gott geht zu Boden« zu bedeuten hat. Die Antwort ist einfach: »We Need Love« – »Wir brauchen Liebe« hat der Gospelchor in der heutigen ProChrist-Veranstaltung gesungen. Und deshalb geht Gott zu Boden. Das ist die Antwort.

Ich will hier keinen Boxkampf kommentieren, obwohl das auch interessant wäre. Vor kurzem wurde Dr. Vladimir Klitschko, der Boxweltmeister, völlig überraschend schon in der zweiten Runde k.o. geschlagen. Er ging bis 10 auf die Bretter. Manche finden das hart und schrecklich. Aber wenn es im Leben immer nur so zuginge, wäre das noch erträglich. Beim Boxen gelten wenigstens Regeln. Wenn einer k.o. geschlagen wird, darf man nicht mehr nachschlagen. Dafür sorgt der Ringrichter. Im normalen Leben geht es viel gemeiner zu. Da wird draufgeschlagen, und wenn einer zu Boden geht, dann wird nachgetreten und weiter draufgeschlagen. Das ist gnadenlos. Da gibt es keine Schiedsrichter. Da ist niemand im Ring, der trennt.

Wir erleben Gewalt heute im Krieg, wir erleben sie auf Schulhöfen, in unsicheren Großstadtrevieren, leider auch in Familien. Und dann gibt es die Gewalt der anderen Art. Da werden Leute an ihrem Arbeitsplatz gemobbt, bis sie psychisch fertig sind und aufgeben. Da geht's nicht nach sportlichen Regeln. Da geht kein Ringrichter dazwischen. Da gehen Menschen wirklich kaputt. Das kennen wir leider. Keiner hätte was dagegen gehabt, wenn wir das als Thema genommen hätten: »Der Mensch geht zu

Boden.« Aber wir haben gesagt: »Gott geht zu Boden.« Das ist unmöglich, nicht wahr? Wenn es Gott gibt, dann ist er doch allwissend und allmächtig. Er ist der Einzige, der nicht zu Boden geht. Das hört sich richtig an.

Ein höheres Wesen?

Ich habe oft gehört, dass Leute sagen: Gott ist eine höhere Macht oder ein höheres Wesen. Ich habe mich oft gefragt: Was ist ein höheres Wesen? Vor kurzem las ich in einer der bedeutenden großen Wochenzeitungen Deutschlands im Feuilleton eine Opernkritik. Die Überschrift lautete »Gott – eine Luftnummer«. Ach, dachte ich, das ist der Artikel, den ich gesucht habe. Was ist ein höheres Wesen? Gott ist eine Luftnummer. Ich habe neugierig den Artikel gelesen und Folgendes gefunden. Es war eine Kritik über die neue Oper *»Perela«* des französischen Komponisten *Pascal Dusapin*, die im Augenblick am Pariser Bastille-Theater aufgeführt wird. In dieser Kritik fand ich die Zusammenfassung des Inhalts der Oper: »Monsieur Perela ist ein Langweiler. Er sagt nicht viel, er tut nichts. Er ist einfach nur da. Eine geheimnisvolle, aschgraue, spindeldürre Gestalt ohne besondere Kennzeichen. Aber gerade das macht diesen Fremden so anziehend, der plötzlich im Reich des Königs Torlindao auftaucht. Der ganze Hofstaat geht vor ihm in die Knie. Er erhält den Auftrag, ein neues Gesetzbuch auszuarbeiten und der königliche Papagei nennt ihn, ohne dass es ihm einer vorgesagt hat: Gott. Bis nach dem Selbstmord eines Jüngers die Stimmung jäh umschlägt. Der Wundermann wird angeklagt, verurteilt und verdammt. Monsieur Perela aber bleibt von allem unbeeindruckt und löst sich einfach in Luft auf.« Das meinen wir wohl, wenn wir in Europa sagen, Gott sei ein höheres Wesen. Er ist nicht zu greifen. Er tut nichts. Er sagt nichts. Wir betrachten ihn als eine Luftnummer. Wenn es darauf ankommt, löst er sich in Luft auf. Er schwebt hoch über der Wirklichkeit. Er wird nur an Feiertagen zitiert. Das erzeugt ein paar erhabene Gefühle. Er ist nur ein Hirngespinst, das mit unserem Leben nichts zu tun hat. Er hat mit unseren Tränen nichts zu tun. Er hat mit unseren Sorgen nichts zu tun. Er hat mit unseren Verletzungen, die wir einander zufügen, nichts zu tun. Das höhere Wesen ist, wie der Name schon sagt, viel zu weit weg, als dass es unser Leben irgendwie wirklich berühren könnte.

Und deshalb bin ich unendlich froh, dass Gott anders ist, als wir ihn uns vorstellen. Es bleibt uns Menschen ja nichts anderes übrig, als dass wir uns Gott als mehr oder weniger veränderten, vergrößerten, verbesserten, idealen Menschen vorstellen. Wir können eben nur Menschliches denken. Wir projizieren die Gedanken aus unserem Hirn wie mit einem Beamer oder Projektor an den Himmel und sagen: So ist Gott. Da ist aber gar nichts, nur das, was wir uns ausgedacht haben. Wenn es wirklich Schwierigkeiten gibt, platzt diese Vorstellung wie eine Luftblase. Wir von uns aus können nicht wissen, wer Gott ist. Entweder müssen wir stumm bleiben und sagen, wir wissen nicht, ob es ihn gibt, und schon gar nicht, wer er ist. Oder der lebendige Gott zeigt sich selber. Das ist unsere einzige Chance.

Gott wird wie wir

Ich habe eine gute Botschaft. Ich kann Ihnen sagen, dass Gott uns nicht allein gelassen hat. Er ist nicht im Jenseits geblieben. Er hat uns nicht uns selbst überlassen. Gott schweigt nicht. Wenn er schweigen würde, wäre das die Hölle. Dann wäre der Mensch sich selbst ausgeliefert. Dann wird der Mensch für den

Menschen zum Wolf. Dann können wir schreien und fluchen und beten und weinen, aber Gott schweigt. Das ist die Hölle.

Die gute Nachricht heißt: Gott ist Mensch geworden. Er hat nicht nur aus dem Jenseits herübergerufen, um uns ein paar Gesetze für die Straßenverkehrsordnung des Lebens zu geben, sondern er ist selbst Mensch geworden. Er ist auf unser Niveau gekommen. Er ist als kleines Kind geboren. Mangels eines sauberen Bettchens wird er von seiner Mutter in den Fresstrog vom Vieh gelegt. Nicht besonders hygienisch. Kaum ist er auf der Welt, erfährt er das größte Elend von Kindern in dieser Welt: Er wird zum Flüchtlingskind. Ein wild gewordener Tyrann, Herodes, hat Angst um seine Macht und fürchtet, es könnte ein Rivale heranwachsen. Darum lässt er in Bethlehem alle Kinder unter zwei Jahren ermorden. Maria und Josef müssen mit dem neugeborenen Jesus fliehen. Gott wird ein Flüchtlingskind.

Später wächst er als ganz normaler Junge in Nazareth auf. Ein Teenager, der vielleicht auch gut Fußball spielen konnte. Eines Tages stattet Gott ihn mit besonderer Autorität aus. Es beginnen drei Jahre intensiver Wirksamkeit. Die Menschen spüren, dass er Gottes Vollmacht hat. Sein Wort schafft, was es sagt. Er redet zu Menschen und sie werden gesund. Er stellt sich gegen den Trend der Zeitmoral. Plötzlich spüren die Menschen: Er hat Schöpfermacht. Gott ist gegenwärtig. Gott ist uns ganz nahe gekommen. Viele sind fasziniert. Einige folgen ihm.

Aber dann sagt er immer wieder Dinge, die den Leuten nicht in den Kram passen. Wir Menschen erwarten von der Religion, dass sie uns bestätigt und unterstützt. Wir wollen aber nicht in Frage gestellt werden. Wer das wagt, der kann gehen. Der Kunde ist König. Deshalb sind die religiösen Institutionen in der Geschichte immer in der Versuchung gewesen, den Menschen nach dem Munde zu reden. Die Wahrheit tut in der Regel weh, weil sie auch die dunklen Punkte in unserem Leben aufdeckt.

Das ist nötig, um zu heilen, nicht um zu verletzen und zu zerbrechen. Gott liebt diese Welt, die er liebevoll geschaffen hat. Er möchte sie wieder in Ordnung bringen, nachdem wir Menschen sie nicht mehr nach dem Willen Gottes verwalten und gestalten. Deshalb kommt Gott in diese Welt.

Der Tiefpunkt

Die Liebe Gottes treibt ihn zu einer einzigartigen Rettungsaktion. Es kommt die schreckliche Nacht des Verrates. Die engsten Freunde verstehen sein Verhalten nicht. Bei einem Abendessen mit seinen Freunden sagt er ihnen auf den Kopf zu: »Einer von euch wird mich verraten.« Sie erschrecken. Dann gehen sie durch die Nacht in einen Olivenbaumhain am Fuße des Ölbergs im Kidrontal nicht weit vor der Stadtmauer von Jerusalem.

Im Markusevangelium Kapitel 14,32-42 lesen wir eine erschütternde Geschichte. Jesus ist mit seinen drei engsten Freunden in den Olivengarten gegangen. Er fing an zu zittern – vor Angst. In einem anderen Evangelium wird berichtet, dass der Angstschweiß ihm mit Blutstropfen auf die Stirn trat. Er schwitzte Blut. Und dann sagt er den engsten Freunden: »Meine Seele ist betrübt bis an den Tod. Bleibt hier und wacht! Und er ging ein wenig weiter, warf sich auf die Erde.« Gott geht zu Boden. »Er warf sich auf die Erde und betete, dass, wenn es möglich wäre, die Stunde an ihm vorüberginge, und sprach: Abba, mein Vater, alles ist dir möglich.« Er appelliert daran, dass Gott allmächtig ist. Er muss doch viele Wege haben, wenn er allmächtig ist. »Nimm diesen Kelch [Kelch steht hier für Leiden und Sterben] von mir; doch nicht, was ich will, sondern was du willst! Und er kam und fand sie schlafend und sprach zu Petrus:

Simon, schläfst du? Konntest du nicht eine Stunde wachen? Wachet und betet, dass ihr nicht in Versuchung fallt. Und er ging wieder hin und betete und sprach dieselben Worte und kam zurück und fand sie wieder schlafend; denn ihre Augen waren voller Schlaf, und sie wussten nicht, was sie ihm antworten sollten. Und er kam zum dritten Mal und sprach zu ihnen: Ach, wollt ihr weiterschlafen und ruhen? Es ist genug; die Stunde ist gekommen. Siehe, der Menschensohn [das ist ein Ausdruck für den Weltrichter] wird ausgeliefert in die Hände der Sünder. Steht auf, lasst uns gehen! Siehe, der mich verrät, ist nahe.«

In Gethsemane sehen wir Gott am Boden, zitternd in Todesangst. Hier fällt die Entscheidung: Der Weg ins Sterben ist der einzige Weg, der die Lösung für geknechtete, gefangene, zerstörte, niedergeschlagene Menschen bringt. Deshalb geht Jesus stellvertretend den Weg, der eigentlich unser Weg ist. Gewalt, Habgier, Lüge, Selbstsucht, Rücksichtslosigkeit – alles, was unser Leben zerstört – nimmt Jesus auf sich. Er erträgt es bis zum bitteren Ende. Gott richtet ihn.

Die Kreuzigung fand auf der Müllkippe von Jerusalem statt. Die Hinrichtung war zugleich eine öffentliche Schändung. Nackt und blutend wurden die Verurteilten angenagelt und angebunden. Dann wurden die Balken aufgerichtet. Stundenlang dauerte das Sterben durch Verbluten und Ersticken. Und wenn es zu lange ging, dann brach man ihnen die Beine, sodass sie sich nicht mehr abstützen konnten. Ein schreckliches Geschehen. Und die Leute gafften. Blutige Gewalt war schon immer eine beliebte Unterhaltung. Die religiösen Führer spotten: »Hilf dir nun selber und steig herab vom Kreuz. Er hat andern geholfen und kann sich selber nicht helfen. Ist er der Christus, der König von Israel, so steige er nun vom Kreuz, damit wir sehen und glauben.« (Markus 15,30-32) Das ist doch logisch. Wer sich selbst nicht helfen kann, kann auch anderen nicht helfen.

Spott scheint der letzte Schutz derer zu sein, die in ihrem Gewissen getroffen sind und genau wissen, dass sie sich an Gott versündigt haben. Aber sie haben nicht den Mut, ehrlich ihre falschen Wege einzugestehen. Bis heute wird die Kreuzigung von Jesus als Zumutung empfunden. Die Grausamkeit ist normal auch für unsere Welt im 21. Jahrhundert. Die Zumutung ist, dass dieser Gekreuzigte die Lösung der Probleme des modernen Menschen sein soll. Was hat der mit unseren Beziehungsproblemen, unseren gesellschaftlichen und politischen Problemen zu tun? Wir wissen zwar nicht, wie wir unsere Probleme lösen sollen, aber wir scheinen in unserer Arroganz zu wissen, dass dieser Jesus es nicht sein kann, der die Lösung ist. Aber nach anderthalb Tagen weckt Gott Jesus aus dem Tode auf. Feinde und Freunde halten Jesus endgültig für widerlegt. Gott kann doch nicht sterben. Gott ist doch allmächtig. Da sind sich alle einig.

Auch im Koran, der Jesus als einen großen Propheten beschreibt, wird in der Sure 4 bestritten, dass Jesus am Kreuz getötet wurde. Es soll eine Verwechslung gewesen sein. Die Begründung, dass nicht sein kann, was nicht sein darf, heißt: »Allah ist mächtig und weise.« Das ist die normale, menschliche Vorstellung. Es kann nicht sein, dass Gott zu Boden geht. Aber genau das sagt die Bibel.

Wenn Sie Gott kennen lernen wollen, brauchen Sie kein Fernrohr für das Jenseits. Gott ist unten bei uns in Schmutz und Blut. Ganz, ganz tief unten, weil er diese Welt so geliebt hat. Deshalb ist Gott nicht in der Majestät und Unangefochtenheit des Jenseits geblieben, sondern ist unter die Menschen gegangen. Niemand kann mehr sagen: »Ich bin zu tief gefallen. Mich erreicht keiner mehr. Ich bin ein hoffnungsloser Fall.« Unter uns ist immer noch der zu Boden gegangene Gott. Tiefer fällt keiner mehr als Jesus. Niemand muss verloren gehen. Sie dürfen das für sich in Anspruch nehmen.

Ich liebe die Gospels so sehr, weil in ihnen der zu Boden gegangene Gott gepriesen wird. In einem der alten Spirituals heißt es: »Nobody knows the trouble I've seen, nobody knows but Jesus.« Keiner kennt die Not, die ich sehen musste, niemand, nur Jesus. Das ist die Schlüsselerfahrung. Es mag sein, dass Sie heute in solchen Tiefen sind. Auch wenn es Ihnen gut geht, wissen Sie doch, dass es solche Tiefen gibt. In der Tiefe können Sie dem gekreuzigten Jesus begegnen.

Warum tun wir uns so schwer?

Über Jahrhunderte hat Europa die Botschaft von Jesus Christus gehört. Die Botschaft ist in Europa allerdings immer wieder entstellt und missbraucht worden. Trotzdem hat Gott uns immer wieder neu seine gute Nachricht sagen lassen. Wir haben die Bibel, diesen Liebesbrief Gottes. Lesen Sie, begreifen Sie doch endlich die Botschaft! Verhärten Sie Ihre Herzen nicht! Sie sehen doch, wie die Welt aussieht ohne Gott. Sie sehen doch, wohin wir kommen, wenn wir so tun, als wären wir selber die allwissenden Herren der Welt. Nichts wissen wir. Ratlosigkeit herrscht von den Spitzen der Regierungen und der Wirtschaft bis in die Familien und Klassenzimmer. Wer den Schöpfer entthront, ist verloren. Wann begreifen wir das? Wann schlagen wir die Bibel wieder auf und fragen nach Gottes Wegen? Es wird die Zeit kommen, in der wir suchen und kein Wort von Gott mehr finden werden. Das ist die Hölle, wenn Gott schweigt. Es geht um unser Leben in Zeit und Ewigkeit. Es geht um unsere Familien, um unsere Länder in Europa und in der ganzen Welt.

Wir brauchen Veränderung unseres Lebens durch die Kraft des gekreuzigten Jesus. Wir haben genug von Gottesvorstellungen, von Gottheiten im Jenseits. Wir brauchen keinen Gott, der uns von ferne aus dem Jenseits winkt. Wir brauchen einen Gott in Dreck und Blut, der uns rausholt aus der Tiefe der Verlorenheit, wo uns die Luft ausgeht.

Ich frage mich, warum wir uns mit diesem wunderbaren Gott so schwer tun. Wir brauchen doch einen Retter. In diesen Tagen wird in den Zeitungen in Deutschland über die Produktion eines interessanten Filmes berichtet: »Das Wunder von Lengede«. Genau vor 40 Jahren passierte in einem Bergwerk in Lengede zwischen Peine und Salzgitter ein schreckliches Unglück. Im Oktober 1963 schossen etwa 500.000 Kubikmeter Wasser und Schlamm in einen Schacht und verschütteten 129 Bergleute. Es gelang, 86 von ihnen am ersten Tag zu retten. Man arbeitete fieberhaft daran, weitere zu entdecken und möglicherweise zu bergen. Nach acht Tagen hat man drei weitere herausgeholt. Nach zehn Tagen hörte man mit speziellen Geräten aus 60 Metern Tiefe Klopfzeichen. Da waren noch elf Bergleute. Es wurde ein enger Schacht in die Tiefe gebohrt. Als Rettungsgerät hat man eine so genannte Dahlbuschbombe benutzt. Die sieht so aus wie eine Bombe, ist aber das Gegenteil, ein Rettungsgerät. Sie wurde durch den engen Schacht hinuntergelassen. Einzeln mussten die Männer in den engen Behälter einsteigen. Langsam wurde das Gerät hochgezogen. Einer nach dem anderen wurde so gerettet.

Sie können sich vorstellen: 60 Meter ganz langsam in so einem engen Torpedo, das ist unglaublich. Es ist wohl auch beängstigend eng. Die Bergleute hätten sagen können: »Das ist intolerant. Man muss doch mehrere Möglichkeiten haben. Nur so ein enges Loch und so ein unbequemes Rettungsgerät. Wir lieben doch die Vielfalt.«

Ich will nicht makaber werden. Aber so ein Verhalten wäre töricht. Natürlich waren die Bergleute froh, dass es den einen, engen Weg zur Rettung gab. Es war keine einfache Sache, durch die Bohrung gezogen zu werden. Die Bergleute konnten selber gar nichts tun. Es war unangenehm in der engen Dahlbuschbombe. Aber sie wussten: Das ist die Rettung.

Ich habe als junger Kerl die ganze Geschichte in den Medien miterlebt. Es ist mir lebendig in Erinnerung. Oft habe ich darüber nachgedacht, dass es mit Jesus ähnlich ist. Wir wünschen uns immer die Auswahl zwischen mehreren Möglichkeiten. Der allmächtige Gott müsste doch tausend Rettungsmöglichkeiten haben.

Aber die Bibel sagt: »Es ist in keinem anderen Rettung, es ist auch kein anderer Name unter dem Himmel den Menschen gegeben, durch den sie sollen gerettet werden, außer den Namen von Jesus.« (Apostelgeschichte 4,12) Ist das nicht intolerant? Ist es nicht anmaßend, wenn die Christen sagen, dass nur Jesus die Rettung ist? Was heißt hier anmaßend? Wenn ich sagen würde: »Ich bin gut und ich alleine schaffe das.« Das wäre anmaßend. Hier geht es darum, dass nicht ich etwas mache, sondern dass Gott allein die Rettung durch Jesus schafft. Er lässt sich in seiner Liebe herab in unsere Verschlossenheit und Dunkelheit. Er geht diesen schmerzlichen Weg der Selbsterniedrigung bis ans Kreuz. Er will uns von dort wieder an die frische Luft, ans Licht, in die Freiheit holen.

Jetzt muss ich den Vergleich mit Lengede verlassen. Unsere Situation ist viel zu schwierig, als dass technische Rettungsgeräte eine Lösung unserer Probleme bringen könnten. Gott selbst muss kommen. Er kommt in Jesus selber. Jetzt müssen Sie entscheiden. Natürlich müssen Sie entscheiden, ob Ihnen das Angebot von Jesus zu intolerant ist, ob Sie warten wollen, dass eine Lösung nach Ihrem Geschmack kommt. Aber ich sage Ihnen: Jesus ist der Retter. Ich bitte Sie, vertrauen Sie ihm Ihr Leben an.

Sagen Sie einfach: Ich brauche dich. Ich möchte es lernen, in deiner Nähe zu leben. Ich brauche Vergebung meiner Schuld. Ich komm nicht allein raus aus dem Loch meiner Gottesferne. Niemand kommt allein aus der Verschlossenheit seiner Gottesferne. Das ist das entscheidende Problem. Ob Sie anständig und religiös sind oder ob Sie unmoralisch gelebt haben, ob Sie reich oder arm, gebildet oder ungebildet, jung oder alt sind, spielt dabei keine Rolle. Jesus allein kann und will Sie in die Freiheit bringen. Sie sollen leben, atmen, Bewegungsraum haben.

7. UNGLAUBLICH, Worte wirken Wunder!

Ich vergesse eine Geschichte nicht, die mir mein Vater erzählt hat. Als er ein kleiner Junge war, bekam er eine Geige geschenkt. Es war eine so genannte halbe Geige, eine Größe, die für Kinder geeignet ist. Er hatte viel Freude daran. Die Musik hat ihn begeistert. Er war neugierig und wollte wissen, woher die Töne kamen. Er untersuchte das Instrument und konnte die Lösung nicht finden. Sein Forschergeist ließ ihm keine Ruhe. Eines Tages ging er in den Keller. Nach einiger Zeit kam er wieder hoch. Seine Mutter war entsetzt. Er hatte getan, was moderne Forscher tun. Er hatte die Geige analysiert. Er hatte eine Säge genommen und die schöne Geige durchgesägt. Er wollte innen nachsehen, wo die schönen Töne herkommen. Man muss den Dingen schließlich auf den Grund gehen. Das ist doch logisch. Und nun stand er da mit seiner zersägten Geige. Er hatte nichts gefunden. Töne gab die Geige auch nicht mehr von sich. Sie war nicht mehr zu reparieren.

Wer macht das Leben wieder ganz?

Das ist typisch für uns moderne Menschen. Wir sind groß im Sezieren, im Auseinanderschneiden, im Zergliedern. Das ist geradezu das Kennzeichen der Neuzeit. Wissenschaftler analysieren. Dadurch wissen wir viel über die Welt und die Menschen. Aber wir sind nicht so gut im Zusammensetzen. Wir halten alle Einzelteile in Händen und bekommen das Leben nicht mehr zusammen. Man weiß sehr viel über den Menschen. Trotzdem fragen wir: »Wer bin ich? Was ist der Sinn und das Ziel meines Lebens? Warum lebe ich? Wozu lebe ich?« Keine Antwort. Wir kennen Millionen Details. Wir haben alles auseinander genommen. Plötzlich merken wir, dass wir damit auch zerstören. Aber wer setzt zusammen? Wer macht ganz? Wer macht heil? Das ist unser großes Problem. Und es geht ja nicht um zersägte Geigen, sondern um vergeigtes Leben.

Eine Geige kann man wieder neu bauen und kaufen, aber ein Leben? Wir sind sehr verschiedene Menschen. Aber wir haben alle die Sehnsucht gemeinsam, dass unser Leben ganz und heil ist. Wir möchten spüren, ich bin wer, ich bin gewollt, ich bin geliebt, mein Leben hat Sinn, ich habe einen Grund unter den Füßen. Wer kann uns dazu helfen?

Unser Thema heißt: Worte wirken Wunder. Das scheint wenig glaubwürdig zu sein. Worte sind schwach. Sind sie nicht nur Schall und Rauch? Oft sind sie nicht wahr. Es gibt zu viele Worte. Darum ist es heute schon gefährlich, viele Worte zu gebrauchen. Es bleibt uns aber gar keine andere Möglichkeit. Um mich mitzuteilen, muss ich auch Worte gebrauchen.

Welche Worte helfen? Magische Zauberformeln à la Harry Potter? Es gibt menschliche Worte, die heilen können: »Ich liebe dich.« – Es tut gut, wenn jemand einem auf die Schulter klopft und sagt: »Das hast du gut gemacht.« Das baut auf. Solche Worte bewirken manchmal Wunder. Sie richten auf, sie geben neuen Mut, das Leben neu anzupacken: »Ich bin doch nicht der letzte Dreck.«

Leider gibt es in dieser Welt mehr Beispiele dafür, dass Worte zerstören. Worte des Hasses oder der Lüge, der Menschenverachtung, der Verleumdung. Per Kommando kann man einen Krieg beginnen, aber wir kennen kein Kommandowort, dass den Frieden herstellt. Wir sind viel stärker im Zerstören als im Aufbauen.

Das Wort, das geschieht

Wenn Sie die Bibel lesen, werden Sie staunen. In der Bibel finden Sie Formulierungen, die in keiner Zeitung stehen. Zum Beispiel im Buch des Propheten Jeremia lesen Sie immer wieder den Satz: »Das Wort des Herrn geschah zu Jeremia.« Das Reden Gottes ist nicht nur Schall und Rauch. Es enthält nicht nur Informationen, sondern das Wort Gottes schafft, was es sagt. Es ist Schöpferwort. Gott sprach: Es werde Licht! Und es wurde Licht. Das hebräische Wort »dabar« heißt nicht nur Wort, sondern auch Ereignis, Sache.

Im Neuen Testament wird erzählt, wie Jesus nach Kapernaum, einer Stadt am See Genezareth, kommt. Während er mit den Menschen redet, kommen vier junge Männer und bringen auf einer Bahre einen gelähmten Freund. Sie legen den Kranken Jesus vor die Füße. Er war gelähmt. Seine Freunde konnten ihm nicht helfen. Sie hätten ihm gerne geholfen. Das Einzige, was sie für ihn tun konnten, war, den Freund mit Jesus in Beziehung zu bringen. Jetzt setzen sie alle Hoffnung darauf, dass Jesus heilt. Jesus sagt dem gelähmten Mann: »Sei getrost, mein Sohn, deine Sünden sind dir vergeben.«

Die Freunde waren etwas enttäuscht. Sie hatten praktische Hilfe erwartet. Aber ringsum standen einige fromme und in der Bibel sehr bewanderte Juden. Die waren fassungslos. Was macht der? Sünden vergeben? Sie wussten, was das bedeutete. Sie kannten den lebendigen, heiligen Gott, der sich Israel offenbart hatte. Sünde ist das, was uns von Gott trennt, was uns die Lebenskräfte raubt und uns ruiniert. Sünden vergeben kann nur Gott. Es geht nicht um Beseitigung moralischer Flecken. Es geht um die Versöhnung und Heilung einer zerbrochenen Beziehung zu Gott, der Quelle des Lebens. Das kann nur Gott selber, sonst keiner. Darum denken sie empört: Was maßt der sich an?

Jesus durchschaut die Menschen. Er weiß, was in ihren Herzen vorgeht. Und er antwortet ihnen. »Warum denkt ihr Böses in euren Herzen? Was ist denn leichter zu sagen: Dir sind deine Sünden vergeben, oder zu sagen: Steh auf und geh umher? Damit ihr aber wisst, dass der Menschensohn Vollmacht hat, auf Erden die Sünden zu vergeben – sprach er zu dem Gelähmten: Steh auf, hebe dein Bett auf und geh heim! Und er stand auf und ging heim.« (Matthäus 9,4-7)

Menschensohn ist ein besonderer Ausdruck in der Bibel. Er ist der höchste Titel von Jesus. Im Alten Testament ist der Ausdruck Menschensohn beim Propheten Daniel eine Bezeichnung des Weltherren und Weltrichters, den Gott am Ende der Zeit einsetzt. (Daniel 7,13) Er ist der Generalbevollmächtigte Gottes. Diese Vollmacht nimmt Jesus für sich in Anspruch. Hier spricht der Weltrichter selber das rettende Machtwort. Das zweite heilende Machtwort ist das Erkennungszeichen, dass er, wie im Alten Testament angekündigt, die Schlüsselfigur Gottes, der Messias, der Menschensohn, ist. Lahme werden gehen, Blinde sehen, Taube werden hören können. Das wirklich heilende Wort heißt: »Dir sind deine Sünden vergeben.«

Sie begreifen das, nicht wahr? Sie werden nicht dem dummen Geschwätz folgen, das man heute landauf, landab in Europa hören kann, als wüssten wir nicht, was Sünde ist. Jeder weiß ganz genau, was sein Leben kaputtmacht. Jeder weiß, was die Beziehungen zu ihm selbst, zu anderen Menschen, zu Gott und zur Welt zerstört. Wir leiden täglich an den Folgen der zerrissenen Beziehungen durch Egoismus, Hass, Lüge, Arroganz. Wer sich an den Geschöpfen vergreift, vergreift sich immer am Schöpfer. Das ist unser Problem. Deshalb kann nur Gott das

Grundproblem unseres Lebens heilen. An der Trennung von Gott gehen wir vor die Hunde. In Zeit und Ewigkeit. Deshalb gibt es kein wichtigeres Wort und kein größeres Wunder als dieses: »Dir sind deine Sünden vergeben.«

Aufrechter Gang und Tragfähigkeit

Die Folge der Vergebung und der Versöhnung mit Gott ist, dass wir aufgerichtet werden. Gott sei Dank, das geschieht bis heute. Menschen werden innerlich aufgerichtet. Wenn Gott es will, heilt er auch körperlich, um ein Signal zu geben, dass er eines Tages die neue Welt ohne Krankheit, Leid und Tod schaffen wird. In seiner Souveränität tut er das, wo und wann immer er so ein Zeichen setzen möchte. Das ist nicht in unserer Verfügung. Aber er tut es immer wieder.

Wie gut tut es, wenn ein Mensch wieder auf die Beine gestellt wird. Dem Mann, von dem die Bibel im Matthäus 9 berichtet, sagt Jesus: »Steh auf, hebe dein Bett auf und geh nach Hause.« Und der Mann beherrscht plötzlich wieder den aufrechten Gang. Das höre ich auch im übertragenen Sinne. Viele Menschen müssen wieder den aufrechten Gang lernen. Sie sind verkrümmt und verbogen. Sie haben gebuckelt vor anderen Menschen, sie haben sich gefürchtet und sind verbogene Persönlichkeiten. Ihr Leben schreit nach Gesundung, damit sie sich wieder aufrichten können. Das ist die Folge der Vergebung der Sünden.

Jesus setzt den Mann wieder in Bewegung: »Geh nach Hause!« Er wird auf einen Weg geschickt. Mehr noch: Er wird belastbar und tragfähig. Jesus sagt: »Hebe dein Bett hoch!« Da trägt er seine Matratze weg. Jesus bewirkt, dass wir nicht nur aufrecht gehen können, sondern dass wir auch belastbar werden. Wir leben in einer Welt, in der es nötig ist, Belastungen auszuhalten. Es ist eine der ganz großen Nöte unserer Zeit, dass die Probleme größer werden, aber die Belastbarkeit der Menschen zusehends abnimmt. Da geht eine Schere auseinander. In dieser Zeit gibt es eigentlich nichts Wichtigeres, als Belastbarkeit und Tragfähigkeit zu haben.

Wenn Jesus Sie heilt, wird er Sie sofort in seine Mitarbeit berufen. Sie sind von Gott begabt. Sie sind eine einzigartige Mixtur aus Begabungen und Begrenzungen. So wie Sie ist kein anderer Mensch. Gott hat Sie in einen bestimmten Lebensbereich gesetzt. Bestimmte Menschen können nur Sie wirklich erreichen. Wir müssen uns nicht mit anderen vergleichen. Wir haben unseren eigenen Auftrag von Gott. Er wird Ihnen Lasten auflegen. Deshalb möchte er, dass Sie belastbar sind, dass Sie aufrecht gehen können, dass Sie den Weg des Friedens und des Dienstes für andere Menschen gehen können. Wenn wir die Lasten anderer mittragen können, entsprechen wir der Lebensregel des Jesus Christus. So sagt es die Bibel.

Das ist das Geheimnis eines gelingenden Lebens. Die Worte von Jesus wirken dieses Wunder. Deshalb sagt die Bibel, dass Jesus nicht nur Schöpferworte spricht, sondern dass er das Wort Gottes in Person ist. Gottes Schöpfungswort. Gottes Rettungswort. Gottes tragendes, erhaltendes, schützendes und wegweisendes Wort. Deshalb kommt es darauf an, in der Beziehung mit Jesus zu leben.

Wo liegt der Fehler?

Nun mag es sein, dass Sie sagen: »Das hört sich gut an. Aber offen gesagt, ich habe das noch nie erlebt.«

Carlos Martinez hat eine wunderbare Pantomime mit dem Titel »Das Geschenk« gespielt. Das Geschenk ist ein Mobiltelefon. Leider funktioniert es nicht. Der Mann, der es geschenkt bekam, probiert alles Mögliche. Er studiert die Gebrauchsanweisung, prüft, ob er richtig gewählt hat, zieht die kleine Antenne raus, schließt das Netzkabel an. Schließlich wirft er das Telefon wütend auf den Boden und trampelt drauf rum. Plötzlich entdeckt er die Stöpsel in seinen Ohren und zieht sie heraus. Wahnsinn. Er hat gedacht, der Fehler liege in dem geschenkten Telefon. Nun muss er erkennen, dass die Blockierung in ihm selbst lag. Darum kam keine Verbindung zustande.

Eine alberne Situation. Wenn es bei uns nur Stopfen in den Ohren wären, dann wäre es einfach. Die kann man einfach rausziehen. Aber es gibt ein Taubsein unseres Herzens Gott gegenüber. Wir können mit der Bibel nichts anfangen. Wir schieben die Schuld auf das unverständliche, alte Buch. Wir sehen das Problem immer bei Gott. Wie kann er das Unrecht und Leid zulassen? Warum gibt es Rettung nur durch den gekreuzigten Jesus Christus? Wann kapieren wir: Die Blockierung der Verbindung liegt an mir?

Wenn wir das kapieren, kann uns geholfen werden. An dem Tag, an dem Jesus auferstanden ist, standen seine früheren Mitarbeiter und Freunde fassungslos da, waren total erschreckt. Sie dachten, sie sähen ein Gespenst, als Jesus ihnen begegnet. Der Auferstandene erklärt ihnen, was in der Heiligen Schrift über das Leiden des Messias angekündigt ist. Gottes Schlüsselfigur muss durch das Sterben den Sieg erringen. Nur so kann er uns mit Gott versöhnen. Jesus erklärt ihnen das anhand der Bibel. In diesem Zusammenhang lesen wir einen sehr schönen Satz: »Da öffnete er ihnen das Verständnis, sodass sie die Schrift verstanden.« (Lukas 24,45) Sie konnten das Wort Gottes nicht von sich aus hören. Sie waren klug wie andere auch. Daran lag es nicht. Es gibt eine Gehörlosigkeit unseres Herzens. Der Auferstandene rührt diese Menschen an. Der Heilige Geist erneuert uns, sodass wir hören können.

Die erste Europäerin, von der wir wissen, dass sie Christ wurde, war eine reiche Geschäftsfrau namens Lydia in der mazedonischen Stadt Philippi. Sie hörte Paulus zu, als er von Jesus berichtete. Von ihr heißt es: »... der tat der Herr das Herz auf, sodass sie darauf Acht hatte, was von Paulus geredet wurde.« (Apostelgeschichte 16,14)

Viele gehen mit dem Wort Gottes um wie Carlos Martinez in seiner Pantomime mit dem geschenkten Mobiltelefon. Wir sollen erfahren, dass Gott unsere inneren Ohren öffnet und wir hören können. Jesus hat fest versprochen, dass jeder den Heiligen Geist Gottes geschenkt bekommt, der darum bittet. Das ist nicht wie beim Lotto.

Jede und jeder kann das Geschenk bekommen. Wenn wir doch nur nicht so verkrampft und eingebildet wären. »Ich lasse mir nichts schenken.« Das ist die stolze Blockade. Diese Einstellung ist Schwachsinn. Das Entscheidende im Leben können wir uns weder kaufen noch erarbeiten. Unser Leben wird uns geschenkt. Liebe und Vertrauen werden uns geschenkt. Vieles kann man erarbeiten und kaufen, aber das Entscheidende nicht. Das befreiende und rettende Wort von Jesus können Sie nicht kaufen und nicht erarbeiten. Sie können bitten, dass er zu Ihnen redet und Ihnen die Ohren öffnet.

Die Bibel prüfen

Vor kurzem lernte ich in Haifa einen interessanten Mann kennen. Er war ein hoher Polizeioffizier in Israel gewesen und jetzt pensioniert. Nach der Pensionierung hatte er sich mit dem Neuen Testament beschäftigt. Aus der Kriminalistik kannte er die Untersuchungsmethoden. Mit diesen Methoden ging er an das Neue Testament heran. Er prüfte es kritisch. Er kam zu der

Erkenntnis, dass dieses Buch die Wahrheit sagt. Er zog die Konsequenz, fing an, Jesus als seinem Messias zu vertrauen und zu folgen. Das hat sein Leben verändert. Er bekam Schwierigkeiten in seiner Familie. Aber das hat ihn nicht von Jesus abbringen können. Ich traf diesen älteren Herrn. Er ist eine überzeugende Persönlichkeit mit einer großen Liebe und Entdeckerfreude an der Bibel. Er lebt auf seine alten Tage mit einer neuen Dynamik aus dem Wort Gottes. Sie können auch mit Siebzig neu anfangen. Aber warum nicht schon mit siebzehn oder vierzig? Die Worte des Jesus Christus wirken Wunder. Er schafft ein neues Leben.

Hilfe von außen

Ich will Ihnen noch eine andere Weise beschreiben, in der ich selber erfahren habe, wie Gottes Wort Wunder wirkt. Ich hatte viele Sorgen und Nöte mit meinem Gewissen und mit der Art und Weise, wie ich gelebt habe. Ich bin oft schuldig geworden. Dann habe ich gezweifelt, ob Gott mir noch vergibt. Ich habe eine hilfreiche Entdeckung in der Bibel gemacht.

Am Tag seiner Auferstehung hat Jesus seinen Leuten eine besondere Vollmacht gegeben: »Nehmt hin den Heiligen Geist! Welchen ihr die Sünden erlasst, denen sind sie erlassen; und welchen ihr sie behaltet, denen sind sie behalten.« (Johannes 20,22-23) Jesus allein kann Sünden vergeben, weil er am Kreuz gestorben ist und von Gott auferweckt wurde. Aber er bevollmächtigt seine Nachfolger, in seinem Namen die Vergebung den Menschen zuzusprechen, die ihre Sünden bekennen und um Vergebung bitten. Das gehört zu den kostbarsten Erfahrungen meines Lebens. Ich konnte zu einem Freund gehen, dem ich vertraute und dem ich Dinge sagen konnte, deren ich mich bis heute schäme. Ich habe ihn als Zeugen vor Gott genommen. Wir haben miteinander gebetet und die Schuld offen bekannt. Der Freund hat mir im Namen von Jesus die Vergebung zugesprochen. Weil Gottes Wort verspricht: »Wenn wir unsere Sünden bekennen, ist Gott treu und gerecht, dass er uns unsere Sünde vergibt und reinigt uns von allem Unrecht.« (1. Johannes 1,9) Nur Gott kann Sünden vergeben. Er tut es in Jesus. Aber wir dürfen einander Begleiter und Zeugen dafür sein.

Dietrich Bonhoeffer hat einmal gesagt: »Der Christus im Worte des Bruders ist stärker als der Christus im eigenen Herzen.« Wenn in mir die Zweifel toben und ich nicht mehr weiß, wo vorne und hinten ist, dann sagt Jesus von außen sein Wort. Ich lese es schwarz auf weiß in der Bibel. Oder er spricht es mir durch einen anderen Christen zu und macht meiner Gewissensnot ein Ende: »Deine Sünde ist dir vergeben.« Nehmen Sie diese Hilfe an! Schämen Sie sich nicht. Es gibt Menschen, die Ihnen voller Vertrauen und verschwiegen wie ein Grab zuhören und Ihnen die Vergebung in Namen von Jesus zusprechen. Diese Worte wirken das Wunder und bringen Sie mit Gott, dem Vater, zusammen.

Jeden Tag 15 Minuten

Wir brauchen dieses Wort am Anfang unserer neuen Beziehung mit Jesus. Aber wir benötigen die Kraft des Wortes Gottes jeden Tag in unserem Leben. Nehmen Sie sich an jedem Tag mindestens 15 Minuten Zeit zum Lesen der Bibel und zum Gebet. Wenn Sie viel zu tun haben, können Sie erst recht nicht auf diese Kraft verzichten. Wie wollen Sie sonst die Lasten bewältigen? Wenn Sie nicht morgens zuerst eine Viertelstunde Zeit haben für den ewigen Gott, den Schöpfer und Erhalter der Welt, dürfen Sie sich nicht wundern, wenn Sie Ihr volles Programm nicht mehr bewältigen. Das Leben ist so anstrengend geworden, dass man es sich heute nicht mehr leisten kann, nur aus den eigenen Ressourcen zu leben. Wir brauchen die Dynamik aus der Ewigkeit. Wenn wir ohne Gottes Wort meinen auskommen zu können, dürfen wir uns nicht wundern, dass das Burnout wie die Pest in Europa grassiert. Wir brennen aus, weil wir überfordert sind. Das Leben ist schwierig geworden. Aber Gott bietet die Schöpferkraft. Beginnen Sie jeden Tag in der Stille mit einem Abschnitt der Bibel. Nutzen Sie die Hilfen, die es zum Bibellesen gibt. In den christlichen Gemeinden erhalten Sie Informationen darüber. Lesen Sie die Bibel allein in der Stille. Aber tun Sie es auch mit anderen zusammen und tauschen Sie sich aus, sooft Sie können. Vier, sechs oder acht Augen und Ohren sehen und hören mehr.

8. Unglaublich, die Angst wird entmachtet!

Als wir die Themen für die ProChrist-Abende zusammenstellten, konnten wir nicht ahnen, dass dieses letzte Thema eine so schlimme Aktualität haben würde. Der Krieg im Irak beherrscht alle Medien. Angst bestimmt unser Leben. Viele werden durch Angstzustände krank. Andere sind abgebrüht und verdrängen ganz kalt die Not und Gefahr.

Die Angst wird entmachtet, behauptet unser Thema. Ist das nicht zu dick aufgetragen? Haben wir mit diesem Thema den Mund zu voll genommen? Sind nicht diese Tage ein Beweis dafür, dass die Angst herrscht?

Alarm!

Woher kommt eigentlich die Angst? Was ist Angst? Man wünscht sich ein Leben ohne Angst. Aber Angst gehört zum Leben. Es gibt kein Leben ohne Angst. Ja, es wäre sogar gefährlich, wenn es keine Angst gäbe. Denn Angst ist wie ein Alarmsystem, ähnlich wie Schmerzen es sind. Schmerzen signalisieren, dass irgendetwas im Organismus krank ist. Da muss man was tun und an die Ursachen gehen. So ist es mit der Angst. Wenn es eng wird, dann kommt innerlich das Gefühl der Enge auf, die Angst. Man spürt: Es geht nicht mehr weiter, ich kann nicht mehr atmen. Es ist gefährlich. Solange diese Welt Engpässe und Gefahren hat, ist Angst eine nötige Reaktion der Warnung.

Wir lieben die Angstgefühle nicht und versuchen, sie zu beseitigen. Wenn wir die Ursachen nicht abstellen können, versuchen wir diese Angst wenigstens zu betäuben. Alkohol oder Medikamente versprechen schnelle Linderung. Alkoholismus und Medikamentenabhängigkeit sind in unserer Welt der Angst deshalb zur Plage geworden.

Natürlich gibt es auch Fehlalarm. Plötzlich sind da Angstzustände ohne erkennbaren Grund. Oder Angst wird zum Dauerzustand. Leider herrscht die Angst nicht nur in Kriegszeiten.

Der Trendforscher Professor Horst Opaschowski schreibt in seinem Buch »Deutschland 2010«: »Die Angst, etwas zu verpassen, wird eigentlich die größte Angst sein. Die Menschen denken, sie verpassen etwas, wenn sie sich zu lange mit sich selbst beschäftigen.« Wir leben im Überfluss und sind doch nicht zufrieden. Ich möchte jedem gratulieren, der sich Zeit nimmt, um über die Grundfragen des Lebens nachzudenken. Das ist schon ein entscheidender Durchbruch.

Die Einsamkeitsangst

Aber die Angst hat noch tiefere Wurzeln. Der Psychologe Professor Horst Eberhard Richter hat in seinem Buch »Flüchten oder Standhalten« schon vor Jahren über die Ursachen und Auswirkungen der Angst geschrieben. Angst hat ihre tiefste Ursache in der Einsamkeitsdrohung und in der Einsamkeitsangst. Und weil wir Angst haben, verlassen zu sein, versuchen wir uns dagegen zu schützen. Wer stark ist, versucht, andere von sich abhängig zu machen. Wenn er einsam ist, kann er sich bei ihnen abstützen. Wer schwach ist, wird anderen hörig, um sich im Bedarfsfall anlehnen zu können. Darum verkaufen Menschen ihr Gewissen. Sie tun, was andere tun. Sie passen sich der Gang, der

Clique, der Gesellschaft an. Sie hoffen, dass sie nicht fallen gelassen werden, wenn sie sich anpassen. Horst Eberhard Richter zeigt, welche verheerenden Wirkungen das für unser Miteinander in unserem gesellschaftlichen Leben hat.

Diese Einsamkeitsangst ist keine eingebildete Angst. Sie hat ihre letzte Wurzel in der Todeseinsamkeit, die jeder Mensch unbewusst irgendwie spürt. Jeder weiß im Tiefsten, dass er seinen Tod alleine, einsam sterben wird. Diese Isolationsdrohung strahlt auf unser Leben aus. Wir kämpfen dagegen und versuchen uns zu schützen.

Woody Allen, der Komiker, Schauspieler und Regisseur hat gesagt: »Ich habe keine Angst vor dem Tod; ich will nur nicht dabei sein.« Das ist eine gute Idee. Die Umsetzung ist etwas schwierig.

Die Schutzlosigkeit

Als größtes Problem mit der Angst empfinde ich heute, dass es Angst gibt, ohne dass wir wirklich wissen wovor. Man nennt das diffuse Angst. Wir leben wie in einem dunklen Wald. Wir können nichts sehen. Das macht uns wehrlos. Vielleicht gibt es gar keine Bedrohung. Aber weil wir es nicht wissen, haben wir Angst. Wir können uns nicht wehren. Wenn ich weiß, wovor ich Angst habe, dann kann ich überlegen: Ist die Angst begründet? Wie kann ich mich gegen die Gefahr schützen?

Aber wenn ich nicht weiß, woher der Angriff kommt und ob überhaupt einer kommt und wie stark er ist, macht mich das krank. Diese diffuse Angst, dieses Gefühl der Schutzlosigkeit prägt heute unser Leben.

Diese Angst trifft uns im Kern, weil Sicherheit ein Grundbedürfnis jedes Menschen ist. Wir haben eine Phase in Europa hinter uns, in der wir uns durch die Medizin, aber auch durch die Versicherungswirtschaft langsam in ein Gefühl hineingesteigert haben, wir wären total sicher, weil wir uns gegen alles versichern können. Gegen Krankheiten, ausgefallene Urlaubsflüge, schlechtes Wetter und dies und das. Das hat uns verführt zu glauben, dass wir die Dinge wirklich unter Kontrolle hätten. Und dann passierten der 11. September und die Selbstmordattentate. Plötzlich merkten wir, wie schutzlos wir sind. Man kann sich nicht einmal mehr darauf verlassen, dass ein Verbrecher sein Verbrechen überleben will.

Was hilft gegen die Angst? Wo gibt es Betäubungsmittel? Karl Marx hat die Religion das Opium des Volkes genannt. Ich glaube, dass er weitgehend Recht gehabt hat. Religion ist für viele Menschen Betäubungsmittel. Sie flüchten aus der Wirklichkeit. Sie wollen die Wahrheit nicht hören und sehen. Sie suchen sich eine Religion, die sie bestätigt und nicht in Frage stellt. Genau da liegt aber der große Unterschied zwischen Jesus Christus und den Religionen. Religion ist das Suchen des Menschen. Jeder sucht, fragt und bildet sich seine eigenen Antworten. Heute ist es in Europa in Mode gekommen, dass jeder sich nach dem Do-it-yourself-Verfahren seine eigene Religion bastelt. Letzten Endes wollen wir es auch nicht allzu genau wissen. Wir ahnen, dass wir womöglich unser Leben präzis darauf einstellen müssen, wenn wir Gott kennen. Wir wollen aber lieber in der Art und Weise, wie wir bisher gelebt haben, bestätigt werden. Die Religion soll uns die Schmerzen nehmen wie eine Tablette.

Mut gegen die Angst

In der Bibel lernen wir Jesus kennen. Beim Thema Angst können Sie sehen, dass Jesus anders ist, als wir denken. Am letzten Abend vor seiner Hinrichtung hat Jesus mit seinen engsten Freunden zusammen gegessen. Dabei wird deutlich, dass die Bedrohung nicht nur von außen, sondern auch von innen kommt. Von außen: Die Machthaber wollen Jesus beseitigen. Von innen: Jesus sagt: »Einer von euch wird mich verraten.«

Jesus redet in diesen letzten Stunden ausführlich mit seinen Jüngern. (Johannes 13–17) In die Angst hinein sagt er: »Das habe ich mit euch geredet, damit ihr in mir Frieden habt. In der Welt habt ihr Angst, aber seid getrost, seid mutig, ich habe die Welt besiegt.« (Johannes 16,33)

Jesus ist realistisch: »In der Welt habt ihr Angst.« Er verspricht kein angstfreies Leben. Wir leben in einer Welt voller Engpässe, voller Gefahren und Risiken. Wenn wir normal empfinden, spüren wir das Alarmsignal der Angst.

Jesus fährt fort: »... aber seid getrost, seid mutig!« Mut heißt: Ich habe gute Gründe, nicht wegzulaufen. Horst Eberhard Richter nannte sein Buch über die Angst: »Flüchten oder Standhalten«. Das ist die Frage. Gibt es einen Grund, um standzuhalten? Oder ist Flucht das Einzige, was uns bleibt? Oder Betäubung? Welche Gründe gibt es gegen die Angst?

Jesus sagt: »... ich habe die Welt besiegt.« Wieso hat Jesus die Welt besiegt? Hat er nicht selber furchtbare Angst gehabt? Er ging nach dem letzten Abendessen mit seinen Freunden aus Jerusalem in den Olivengarten Gethsemane am Fuß des Ölbergs. Dort warf er sich auf den Boden und schrie im Gebet zu Gott. Er zitterte am ganzen Körper vor Angst. Verhält sich so ein Sieger? Die Soldaten nahmen ihn gefangen. Er wurde gefoltert. Blutüberströmt trieben sie ihn durch die Straßen Jerusalems. Draußen vor den Toren Jerusalems nagelten sie ihn auf der Müllkippe auf zwei grobe Balken und richteten die auf wie einen Galgen. Sie ließen ihn ersticken und verbluten. Die Zuschauer hatten ihren Spaß an der Brutalität. Jesus schrie: »Mein Gott, mein Gott, warum hast du mich verlassen?«

Wieso ist Jesus der Sieger? In Todeseinsamkeit am Kreuz schrie er. Dann starb er mit dem Wort: »Es ist vollbracht.« Die Gegner rieben sich die Hände. Die Freunde waren total am Boden. Sie hatten bis zum Schluss gehofft, er würde beweisen können, dass in ihm die Kraft Gottes ist. Und nun war alles aus. Sie versteckten sich in der Altstadt von Jerusalem. Sie wussten, dass sie als Nächste dran waren, weil man die Gefolgsleute stumm machen musste. Deshalb schlossen sie sich irgendwo in einem Hinterzimmer ein, damit niemand sie finden konnte.

Aber am übernächsten Tage passierte, was sie alle nicht einordnen konnten. Die Frauen erlebten es zuerst, weil sie zum Friedhof gingen, zum Grab. Sie wollten noch einmal, den jüdischen Sitten entsprechend, den Leichnam behandeln. Aber der Stein vom Grab war weggewälzt. Sie erschraken. Sie sahen einen Engel, der ihnen die Auferstehung von Jesus verkündigte. Sie sagten es den Freunden weiter. Die trauten den Frauen nicht. Aber sie rannten doch zum Grab und schauten nach. Schließlich dämmerte ihnen: Er lebt!

Am Abend dieses Auferstehungstages waren sie eingeschlossen in ihrem Versteck. Es heißt es ausdrücklich »die Türen verschlossen aus Furcht«.

Ja, das ist unsere Welt. Wir leben aus Furcht hinter verschlossenen Türen. Das gilt im Großen wie im Kleinen. Wir haben Angst, die anderen könnten wissen, wer wir wirklich sind. Sie könnten unsere Schwächen ausnutzen. Also schließen wir die Türen durch Unwahrhaftigkeit. Das war die Situation an jenem Ostersonntagabend. Wir lesen in Johannes 20, dass Jesus demonstrativ durch die verschlossene Tür eintrat. Er sagte: »Friede für euch!« Zum Beweis zeigte er ihnen die Hände mit den Wundmalen und seine Seite. Trotz der Auferstehung trug er das Zeichen des Leidens und Sterbens noch an sich. Er trug es wie ein Qualitätszeichen. Er zeigte es ihnen wie einen Beweis dafür: »Ich habe alles erlitten. Die Trennung von Gott ist überwunden. Eure Sünde ist vergeben. Ich bringe euch Frieden.«

»Da wurden die Jünger froh, dass sie den Herrn sahen.« Plötzlich bricht Freude aus. Was hat sich geändert? Die Tür war immer noch zu. Die Situation war immer noch lebensgefährlich. Aber die Welt hatte ein neues Zentrum. In der Mitte steht nun der Auferstandene. Der Blick der angstvollen jungen Männer ist auf Jesus gerichtet. Da bricht Freude aus.

Wie um zu zeigen, dass nun die Türen aufgehen werden, dass Jesus in Bewegung setzt, sagt er noch einmal: »Friede sei mit euch; wie mich der Vater gesandt hat, so sende ich euch.« So wie Gott Jesus zur Rettung und zum Dienst in die Welt gesandt hat, so sendet Jesus jetzt seine Leute. In der Kraft dieser Auferstehung sollen sie losgehen. Jesus ist stärker als alle Zerstörungsmacht. Wir haben ein neues Zuhause beim Vater durch Jesus. Jeder von uns darf das in Anspruch nehmen.

Der gedeckte Tisch in gefährlicher Zeit

Carlos Martinez spielt eine wunderbare Pantomime mit dem Titel »Das Abendmahl«. Er zeigt, wie verschiedene Menschen Brot und Wein empfangen. Der eine skeptisch, der andere voll Dankbarkeit und innerer Bewegung, ein anderer völlig überrascht und von Freude überwältigt, einer ziemlich ablehnend. Am Ende der Szene fügen sich Brot und Kelch zu einem Herzen zusammen, das anfängt in einem Menschen zu schlagen. Jesus schenkt sich unter Brot und Wein selbst. Er will in uns so wirklich leben, wie wir das Brot und den Wein essen und trinken.

So hat Jesus das beim letzten Abendmahl mit den jungen Leuten gemacht, die ihm nachfolgten. Es waren sehr verschiedene Charaktere. Jesus hatte ihnen viel erklärt. Aber zum Schluss teilte er ihnen Brot und Wein aus. So machte es damals der Hausvater. Aber jetzt sagte Jesus: »Das ist mein Leib und mein Blut.« Das ist also das für euch hingegebene Leben.

Wir sind so verschieden wie die Menschen damals, die mit Jesus aßen. Jesus möchte sich mit uns allen an den Tisch setzen und er lädt uns ein, das Brot der Hoffnung und den Wein der Freude von ihm zu empfangen. Wir sollen ganz und gar eins werden mit ihm.

Als Jesus die Jünger an jenem Abend der Angst an seinen Tisch einlädt, erfüllt er eine große Ankündigung. Der 23. Psalm spricht von Gott als dem guten Hirten: »Der Herr ist mein Hirte, mir wird nichts mangeln.« Dann heißt es in diesem Psalm: »Und ob ich schon wanderte im finsteren Tal, dem Tal der Todesschatten, fürchte ich kein Unglück; denn du bist bei mir, dein Stecken und Stab trösten mich. Du bereitest vor mir einen Tisch im Angesicht meiner Feinde, du salbest mein Haupt mit Öl und schenkest mir voll ein.«

Was für eine Szene! Jesus deckt uns den Tisch und serviert uns die Speisen. Er füllt uns den Becher. Und das alles, während die Feinde anrücken. Das ist nicht die Zeit für ein Festessen. Da deckt man keinen Tisch. Da baut man Schützengräben und verkriecht sich in Bunker. Der gute Hirte aber deckt uns den Tisch im Angesicht der Feinde.

Ist es nur ein Traum? Ist es eine Vision, die an den harten Realitäten dieser Welt zerplatzt? Nein, Jesus verbindet uns neu mit dem Vater. Er hält seine Hände schützend um uns. Er gibt Geborgenheit.

Jesus lädt bis heute ein: »Siehe, ich stehe vor der Tür und klopfe an; wer die Tür auftut, zu dem will ich eingehen und will

Tischgemeinschaft mit ihm halten.« (Offenbarung 3,20) Wenn Sie das zulassen, werden Sie entdecken, dass Sie in einer starken Hand geborgen sind. In diesem Schutz bekommen wir Mut, uns von Jesus in eine gefährliche Welt schicken zu lassen. Er gebraucht uns als Werkzeuge seines Friedens, als Tröster, als Boten der Wahrheit.

Die Hoffnungsgemeinschaft

Wenn Sie sich von Jesus an seinen Tisch einladen lassen, entdecken Sie plötzlich: Ich sitze nicht alleine am Tisch. Wir sind in einer Hoffnungsgemeinschaft und Schutzgemeinschaft. Da sitzen lauter Leute, die ganz anders sind als ich. Aber Jesus hat sie auch eingeladen und gespeist. Sie haben auch vom Brot des Lebens und aus dem Kelch der Rettung und Hoffnung gegessen und getrunken.

Sie spüren, was es heißt: »In der Welt habt ihr Angst, aber seid getrost, seid mutig. Ich habe die Welt besiegt.« Sie erleben, wie er in die Verschlossenheit ihres Lebensraumes eintritt und sagt: »Friede sei mit dir!«

In der Hoffnungsgemeinschaft, die Jesus schafft, sind nicht Leute mit lauter gleichen Interessen, mit der gleichen Bildung, dem gleichen Einkommen, den gleichen Geschäftsinteressen. Es sind Leute dabei, mit denen Sie natürlicherweise vielleicht gar nichts zu tun haben würden oder wollten. Aber jetzt sitzen Sie am selben Tisch mit Jesus.

Sie entdecken die einzigartige Mischung aus Begabungen und Begrenzungen in sich selbst, wie sie kein anderer Mensch hat. So möchte Gott Sie gebrauchen. So kann und will er Sie zum Dienst einsetzen. Sie werden Menschen mit der Liebe Gottes erreichen, die andere nicht erreichen können. Sie werden anderen erzählen, was Sie selbst mit Jesus erlebt haben. Schämen Sie sich nicht Ihrer Angst, auch nicht Ihres Versagens und Ihrer Schuld. Erzählen Sie anderen, wer Sie gerettet hat. So entdecken Sie in dieser Hoffnungsgemeinschaft Ihre Besonderheit.

Missklang oder Harmonie

Wir hatten am letzten Abend von ProChrist ein wunderbares Orchester mit mehr als vierzig Musikern. Jede dieser Musikerinnen und jeder Musiker ist hochbegabt. Alle haben fleißig geübt. Es hört sich schön an, wenn sie jeweils als Solisten spielen. Aber wir haben ihr Zusammenspiel genossen. Sie haben unter der Leitung eines sehr guten Dirigenten die Symphonie eines großen Komponisten gespielt.

Wir haben an diesem Abend ein Experiment gemacht. Ich bin davon ausgegangen, dass alle Musiker ihr besonderes Lieblingsstück haben. Ich glaube, dass jede und jeder dieses Lieblingsstück besonders gut spielen kann. Muss das nicht herrlich klingen? Ich habe die Orchestermusiker gebeten, dass alle gleichzeitig ihre Lieblingsstücke spielen. Sie hatten Humor. Sie haben es getan. Prof. Christoph Adt gab den Einsatz. Es klang schrecklich. Keine Symphonie, eine Kakophonie. Dann hat der Dirigent den Einsatz für einen schlichten D-Dur-Akkord gegeben. Eine wunderbare Harmonie!

So ist das mit unserem Leben. Es klingt schrecklich, wenn jeder egoistisch seine eigene Lebensmelodie vor sich hin spielt. Gott hat uns dazu geschaffen, dass wir seine große Lebenskomposition unter der Leitung des genialen Dirigenten Jesus miteinander spielen. Jeder bringt seinen besonderen Klang ein. Daraus wird eine wunderbare Harmonie des Lebens.

Wenn ich mich in Gottes Orchester einfügen lasse, kann ich meinen Part sehr gut einbringen. Ja, ich bin etwas Besonderes, aber ich brauche die anderen, damit Gottes Symphonie ertönt. Wir brauchen den einen Dirigenten, der jeden im Orchester des Lebens zum Klingen bringt.

Das Anfangsgebet

Ich lade Sie ein, mit mir das Anfangsgebet zu beten:

Jesus, ich danke dir, dass du mich so sehr liebst.
Ich habe deine Einladung gehört, ich öffne dir mein Leben.
Ich bekenne dir meine Sünden und ich bitte dich um Vergebung.
Ich danke dir, dass du am Kreuz für mich gestorben bist und dass du mir alle meine Sünden vergeben hast.
Mein ganzes Leben soll dir gehören.
Du bist der Herr.
Gib mir deine Kraft.
Zeig mir deinen Weg.
Ich danke dir, dass du mich angenommen hast.
Amen.

Lassen Sie das Gespräch mit Gott nicht abreißen. Nehmen Sie sich an jedem Tag mindestens 15 Minuten Zeit zum Lesen der Bibel und zum Beten. Am besten morgens, bevor Sie die Arbeit des Tages beginnen.

Suchen Sie die Gemeinschaft mit anderen Christen. Tauschen Sie Ihre Erfahrungen miteinander aus. Beten Sie miteinander. Helfen Sie einander.

Entdecken Sie Ihre besonderen Begabungen und lassen Sie sich in der Gemeinde der Christen zum Dienst für andere einsetzen. Dazu hat Gott Sie geschaffen. Sie werden selber reich beschenkt, wenn Sie anderen dienen.

Gott segne Sie.